"Conozco a Christine desde hace más de tre
ser una joven llena de sueños y aspiraciones, a una mujer cuya voz Dios
está haciendo sonar por el mundo. Creo que todos hemos sido bendecidos por su bella voz y sobre todo por la unción de Dios sobre ella. Ahora Dios usa su vida para comunicarnos un mensaje especial de una manera distinta. *Corazón pródigo* es la conmovedora historia de Christine, entretejida con la historia de Dios para su vida y aun para la nuestra, junto a enseñanzas y oraciones que bendecirán e infundirán fe y una perspectiva distinta acerca de ese Dios que nos ama extravagantemente y sin reservas, y que es capaz de darnos belleza en lugar de ceniza para que nosotros también seamos portavoces de su amor y fidelidad inigualable. ¡Este libro es una joya!".

—Julissa
Salmista, autora de *Me vistió de promesas*

"Cuando un dolor marca nuestra existencia, busca cómo canalizarse. Esta es la historia de Christine D'Clario, quien abre su corazón y comparte sus dolores, preguntas existenciales y la restauración que sólo Dios puede hacer. La profundidad del relato lo llevará a vivir la historia como si fuera propia, porque todos hemos sufrido pérdidas. Estoy seguro que disfrutará leer, *Corazón pródigo*, porque cuando Dios se atraviesa en nuestras vidas, sana los dolores más profundos y nos viste de dignidad. Admiro profundamente a mi amiga Christine D'Clario, su pasión, entrega y amor la hacen cantar con el corazón".

—Sixto Porras
Enfoque a la Familia®, autor de *De regreso a casa*

"*Corazón pródigo* es un salmo al amor más poderoso, determinado y sanador que existe: el amor de Jesús. No hay nadie que desnude nuestra alma, despojándola de los harapos sucios del pasado, para atraerla a la luz de libertad como nuestro Salvador. Y una vez atraídos a Él, no nos avergüenza, más bien nos dignifica con su amor y nos muestra su propósito. Christine nos relata ese proceso con toda honestidad y al hacerlo nos muestra el camino a una vida plena de amor hacia Dios, nosotros mismos y los demás. Prepárate para vivir una vida que palpita con un 'corazón pródigo'".

—Danilo y Gloriana Montero
Pastores, Iglesia Lakewood

"Un pródigo redimido puede cambiar al mundo. La travesía personal de Christine D'Clario capturada en *Corazón pródigo* nos equipa con una narrativa transparente, auténtica, y hermosamente transformadora que habla a toda persona culpable por apartarse y no cumplir con el propósito de Dios. Su contextualización reveladora sirve como un poderoso recordatorio de la gracia y suficiencia de Dios, aun cuando caminamos en 'la otra dirección'. Este libro nos eleva y expone a lo siguiente: llegamos, no porque nos aferramos perfectamente a Dios, sino porque Dios se aferra perfectamente a nosotros. La trayectoria ministerial de Christine y su incontenible éxito muestra cómo una joven descubrió a través de las dificultades, que al final del día la vida no se trata de lo que podemos hacer por Dios, sino más bien lo que Dios, mediante la obra expiatoria de Cristo, ya hizo por nosotros".

—Rev. Samuel Rodríguez
Conferencia Nacional de Liderazgo Cristiano Hispano

"Al leer este hermoso libro que escribió mi amiga Christine puedo decir que: EL AMOR DE DIOS NOS PERSIGUE INCANSABLEMENTE, SU PERDÓN NUNCA SE SACIA Y SU MISERICORDIA DURA TODA LA VIDA. Estoy seguro que miles de personas afirmarán su vida, volverán a los pies de Cristo y serán llenos de su Presencia al leer cada capítulo de este hermoso libro. La vida de Christine y su esposo Carlos es un regalo para nuestra vida, y este libro definitivamente es un tesoro para todo el cuerpo de Cristo".

—Josh Morales
Miel San Marcos

"Cuando vi a Christine ministrar por primera vez, tuve la sensación de ser como una intrusa. Ella le canta a una audiencia de Uno, y el que estemos allí es casi secundario. Canta y alaba con sencillez, pasión y una entrega total. Escribe de la misma manera. Christine abre su corazón y nos invita a conocerla. Te identificarás con sus experiencias, luchas y victorias. También serás animado a vivir dentro tu "marco" en el destino que Dios tiene para ti".

—Nolita W. Theo
Autora, oradora

"No hay vida que Dios no pueda restaurar y Christine es un poderoso testimonio de esa verdad. Las pérdidas pueden ser también hallazgos y en estas páginas nos encontramos con un minucioso y honesto testimonio de cómo una niña que pierde a su padre lo busca hasta encontrarse en los brazos de su Padre celestial. Gracias Christine por compartirnos tu historia y tantos principios aprendidos para sanar las infecciones del alma. Este es un libro para quienes queremos seguir buscando de quien no deja nunca de buscarnos, Jesús".

—Dr. Lucas Leys
Autor, orador, presidente de Especialidades Juveniles

"*Corazón pródigo* es un libro que te inspirará para creer que Dios puede tomar una vida con dolor y tristeza, y cambiarla para ser un testimonio que reconoce lo que sucede cuando sometes tu corazón por completo a su Creador. ¡Gracias Christine por ser sensible y obediente a tu llamado y hacerte vulnerable para que otros encuentren esperanza para creerle a Dios por un propósito lleno de victorias y sueños cumplidos!".

—Coalo Zamorano
Salmista, autor

"Las historias de vida son el tesoro más preciado que un cristiano posee para compartir el amor de Dios. Este libro contagia en cada capítulo la transformación que Dios ha hecho en el corazón de Christine, que la llevó a vivir como una princesa en el palacio de su Padre. Vive lo que canta y eso la convierte en un diamante genuino para llevar su gloria a esta generación".

—Ale Gómez
Pastor Iglesia de la Cruz, autor, presidente de JesusWarriors

"El contenido y la revelación que hay en este libro es simplemente oro. Christine nos narra con transparencia y valentía la poderosa canción de gracia que Dios ha escrito en su vida y que está escribiendo en la vida de muchos. Al leer cada capítulo serás retado a hacer un chequeo honesto de tu corazón, y así como Christine, rendirte cada vez más a la gracia transformadora de Dios. Este libro sí que es un mensaje justo y exacto para esta hora y para nuestro día".

—Bryce Manderfield
Fundador /Presidente de Soluciones Juveniles Inc.

"La vida es impredecible, pero eso no significa que nuestra fe en Dios y sus planes para nuestra vida tienen que ser impredecibles. *Corazón pródigo* ofrece respuestas prácticas y auténticas para descubrir el camino de retorno a los brazos de nuestro Padre celestial. La transparencia de Christine D'Clario toca el corazón de la humanidad con la invariable verdad de las promesas de Dios. Permite que su travesía de fe te inspire y anime mientras aprendes a caminar más cerca de Dios en cada temporada de tu vida".

—Sergio De La Mora
Pastor general, Cornerstone Church San Diego

"Son pocos los escritores que conozco, que tienen la valentía y transparencia de abrir su corazón para contar el marco de las experiencias difíciles y traumáticas de su vida de la manera cómo Christine lo expresa en este libro. Me sorprendió cómo Christine nos enseña, a través de estas páginas y con su propio ejemplo, a no resignarse para siempre a ser víctima de las experiencias difíciles de la vida. Christine descubrió que sus vivencias no eran más fuertes de lo que su Padre celestial había escrito de ella en su libro. Te invito a leer y descubrir cómo el amor incondicional de Dios le dio a Christine la libertad para vivir, soñar y ser feliz. Es mi oración que su vida pueda ser un testimonio para alentarte de que Dios también lo puede hacer contigo y tiene un plan único para ti".

—Daniel Calveti, Salmista, autor, orador

"Más que un libro testimonial, este es un manual que ayudará a muchos en su proceso de autoanálisis, realización, rendición, confesión, sanidad interior, y encuentro del camino hacia una nueva vida en Cristo. Al leer cada capítulo, no sólo conocerás detalles de la obra transformadora de Dios en Christine, sino que por medio de consejos claves, recomendaciones bíblicas, y oración, serás encaminado hacia una mayor claridad en tu propio crecimiento como creyente e hijo amado de Dios".

—Lilly Goodman, Salmista y autora

"Christine D'Clario nos entrega en este libro la historia de su vida incluyendo su rebeldía, su amargura y el sentimiento de orfandad. Por muchos años vivió con apariencia de creyente mientras escondía una doble vida. Según vamos avanzando en la lectura, vamos viendo el proceso de transformación de aquella joven pródiga desprovista de identidad que no conocía restricciones, hasta convertirse en la creyente que es hoy día, quien ha recibido el amor en abundancia de nuestro Dios. Ahora ella es pródiga, pero lo es en el amor sin medida que le demuestra a Dios. Por eso ella confiesa: 'Es tiempo de dirigir nuestra prodigalidad hacia Aquel que derramó con desmedido abandono el amor más pródigo por ti y por mí. Así que ama a Dios, pero con todo'".

—Norma Pantojas, Consejera de familia, autora

"La historia de la vida de Christine es amena y sobre todo enriquecedora pues cada etapa es analizada a través de la madurez de una mujer que pudo evidenciar la mano de Dios obrando en cada detalle. Su formación cristiana y conocimiento de la Palabra en cada una de sus enseñanzas, añade valor a este inspirador relato.

La vida de Christine es como la de muchas muchachas latinas nacidas en un hogar cristiano, las cuales son expuestas a grandes tentaciones, pero en este caso nos demuestra que una vez más el Señor es fiel. Los acontecimientos en su vida le han servido de fundamento para dejarse moldear por el Espíritu Santo y transformarse en una exitosa adoradora usada grandemente por Dios para llevarnos ante Su presencia.

Todavía no podemos decir que este es un libro de sus memorias, pues Christine es joven y le queda mucha vida por delante, pero de algo sí estoy segura y es que lo mejor está por venir, pues las misericordias de Dios son nuevas todos los días y el plan de Dios para su vida será aún más sorprendente de lo que ella jamás imagino, ya que este es nuestro Dios".

—Juanita Cercone, Directora de Enlace Televisión

"En su primera obra literaria, Christine nos invita a acompañarla en un viaje introspectivo, pletórico de dolor y tristeza, además de gracia, misericordia y amor. Es un relato desnudo y honesto de los sentimientos de un alma noble, quien a temprana edad, experimentó la amargura de la muerte, del rechazo y la confusión, triunfando sobre todo ello, al entregarse plenamente al cuidado de Dios Padre. Un testimonio motivador para cualquier persona atravesado momentos de dificultad".

—Rubén Hernández<br>Apóstol, escritor, poeta, orador

# CORAZÓN PRÓDIGO

## CHRISTINE D'CLARIO

**CASA CREACIÓN**
*Para vivir la Palabra*

*Para vivir la Palabra*

MANTÉNGANSE ALERTA;
PERMANEZCAN FIRMES EN LA FE;
SEAN VALIENTES Y FUERTES.
—1 Corintios 16:13 (NVI)

*Corazón pródigo* por Christine D'Clario
Publicado por Casa Creación
Miami, Florida
www.casacreacion.com
©2016-2023 Derechos reservados

Library of Congress Control Number: 2016942755
ISBN: 978-1-62136-947-9
E-Book ISBN: 978-1-62998-890-0

Desarrollo editorial: *Grupo Nivel Uno, Inc.*
Adaptación de diseño interior y portada: *Grupo Nivel Uno, Inc.*
Edición por: Gisela Sawin
Fotografía por: David Teran Photography
Concepto de la portada por: Christine D'Clario

Impreso en Colombia

24 25 26 27 28 LBS 9 8 7 6 5 4 3 2

# ✒ DEDICATORIA ✒

DEDICO ESTA, MI primera obra literaria a varias personas muy importantes en mi vida:

A Dios, mi Padre perfecto quien me ama y lo demuestra a cada instante.

A la memoria de mi Papito, Anthony, quien ya ganó la carrera y me espera en los brazos del Señor en el cielo.

A mi madre, Mercedes quien fue madre y padre, luchando por darme un mejor porvenir, y quien me enseñó a amar a Dios con todo mi ser.

A mi amado esposo, Carlos, mi fiel compañero quien primero me motivó a que compartiera esta historia con el mundo.

A mis hijos, que al momento de publicar este libro aún no han llegado, que cada enseñanza que he recibido de Dios sea el pavimento para que puedan correr libremente en Su presencia y vivir toda su vida sin restricciones para Dios.

# ∾ CONTENIDO ∾

Agradecimientos. . . . . . . . . . . . . . . . . . . . . . . . . . . . . . . . . . . . .12
Prólogo: Corazón pródigo . . . . . . . . . . . . . . . . . . . . . . . . . . .13
Introducción . . . . . . . . . . . . . . . . . . . . . . . . . . . . . . . . . . . . . .15

## Parte i
## COMIENZO

Capítulo 1:   El marco. . . . . . . . . . . . . . . . . . . . . . . . . . . . . . . . .19

## Parte ii
## NIÑA PERDIDA

Capítulo 2:   Pérdida, dolor y luto. . . . . . . . . . . . . . . . . . . . . . 31
Capítulo 3:   Rechazo . . . . . . . . . . . . . . . . . . . . . . . . . . . . . . . . .49
Capítulo 4:   Temor y duda . . . . . . . . . . . . . . . . . . . . . . . . . . . .59

## Parte iii
## MUJER HALLADA

Capítulo 5:   Rebelión. . . . . . . . . . . . . . . . . . . . . . . . . . . . . . . .73
Capítulo 6:   Gracia. . . . . . . . . . . . . . . . . . . . . . . . . . . . . . . . . .87
Capítulo 7:   Resistiendo la tentación. . . . . . . . . . . . . . . . . . 101
Capítulo 8:   Restauración y sanidad interior . . . . . . . . . . . . 113

## Parte iv
## HIJA ENVIADA

Capítulo 9:   Él es mi padre . . . . . . . . . . . . . . . . . . . . . . . . . . 141
Capítulo 10:  Yo soy su hija. . . . . . . . . . . . . . . . . . . . . . . . . . . 151
Capítulo 11:  "Ve por mis bebés" . . . . . . . . . . . . . . . . . . . . . . 167
Capítulo 12:  Para siempre pródiga . . . . . . . . . . . . . . . . . . . . 181

Nota final: Ven a Jesús . . . . . . . . . . . . . . . . . . . . . . . . . . . .189
Notas . . . . . . . . . . . . . . . . . . . . . . . . . . . . . . . . . . . . . . . . . .195
Acerca de la autora. . . . . . . . . . . . . . . . . . . . . . . . . . . . . . .199

# ❧ AGRADECIMIENTOS ❧

A DIOS, MI PADRE celestial, a quien no le importó en lo que me había convertido lejos de Él, aun así me recibió en sus brazos y me demuestra cuánto me ama todos los días. A mi Señor y Salvador, Jesucristo, quien rescató mi corazón y me enseñó que Él puede restaurar mi quebranto y transformarlo en algo hermoso. Al Espíritu Santo, mi mejor amigo, quien siempre me guía por el buen camino con amor, incondicionalidad y verdadera amistad.

A mi esposo, Carlos, por ser paciente y constante en su amor aún en mis peores momentos, por protegerme y por siempre impulsarme a ser mejor de lo que jamás imaginé. Te amo.

A mi mamá Mercedes y a mi nuevo papá Américo, por amarme incondicionalmente y soportarme en mis años de rebeldía, abrazarme en mi arrepentimiento y siempre apoyarme en mi obediencia al Señor.

A mis hermanos, Linda y Jonathan, por no aprender lo malo de su hermana mayor, sino ser mis más fieles seguidores e intercesores.

A mis pastores y familia de la iglesia Gateway Church, en Dallas, Texas por su constante cobertura en apoyo, oración y hermandad.

A todos ustedes lectores, por hacer que valga el esfuerzo el haber parido este libro. Los amo y oro por sus vidas.

# CORAZÓN PRÓDIGO

POR MUCHO TIEMPO la cultura latina ha sufrido de grandes contradicciones. Somos al mismo tiempo fiesteros y depresivos, amigables y ariscos, generosos y envidiosos. Estoy convencido de que la raíz de esta paradoja es la terrible condición de orfandad espiritual. Este vacío provoca una profunda insatisfacción, la cual nos ha convertido en un pueblo intensamente religioso, y a la vez distante de Dios. Aprendimos a repetir hasta el cansancio el "Padre nuestro que estás en los cielos", sin entender que Él está más cerca de lo que pensamos.

Quizás desde los días del mestizaje forzado, hace más de quinientos años, Latinoamérica ha padecido de este espíritu de orfandad, que es la raíz de una mentalidad de autorechazo y vergüenza. Por esta causa, muchos han tratado de expresar su fervor religioso haciendo penitencias y sacrificios personales. Han buscado ponerse a cuentas con Dios y resolver sus sentimientos de culpa andando de rodillas hasta que les sangren, llevando varas espinosas en la espalda o durmiendo sobre una cama de piedra. Piensan que Dios está distante y, por cierto, molesto por la forma en la que han vivido, y que necesitan apaciguarlo autocastigándose.

Estimado lector, si esta descripción le suena familiar, y anhela un cambio en su vida, ¡usted no está solo! El libro que tiene en sus manos está saturado de esperanza. Es un tesoro que le puede guiar a un encuentro con el amor del Padre, que es el antídoto más poderoso que existe contra la orfandad.

Tengo un profundo aprecio por Christine D'Clario. Desde que la conocí, he visto en ella una rara mezcla de valor y compasión, de denuedo y ternura. Esto solo lo encuentras en personas que han experimentado en carne propia la ternura de Dios Padre en medio de las circunstancias más difíciles.

En estas páginas Christine nos muestra que el primer paso para regresar a Dios es reconocer que Él no nos desprecia ni nos rechaza por nuestros errores pasados. El interés de Dios por usted es puro y sus intenciones son para su bien.

Dios siempre ha dado el primer paso. Si hoy podemos acercarnos a Él, es solo porque Él se acercó a nosotros primero. Si podemos hablarle, es porque Él nos habló a nosotros primero. Si podemos amarle, es porque Él nos amó a nosotros primero.

De una forma cándida y valiente, Christine nos comparte su historia de redención, y nos hace ver de una manera inequívoca que la gracia de Dios es más poderosa que la rebelión. Para algunos, esto será difícil de aceptar, pero es el único camino hacia una sanidad completa de las ataduras de nuestro pasado.

Querido lector, si se siente derrotado, considere este libro como una invitación del corazón de Dios para levantarse del lugar de fracaso y frustración, y volver a casa.

Permita que esta "historia de la vida real" le inspire a creer como nunca antes, que su Padre celestial le ama. Atrévase a creer que el amor de Dios es incondicional, que Él nunca, nunca dejará de amarle. No hay nada que pueda hacer para que su Padre le deje de amar, y no hay nada que pueda hacer para que le ame más. ¡Él le ama con amor eterno!

Atrévase, como Christine, a experimentar la generosidad del corazón de Dios y dejar todo atrás por seguir la causa de Cristo. Y como ella, ¡estará feliz de haberlo hecho!

—Marco Barrientos
Dallas, TX

# INTRODUCCIÓN

A MENUDO JESÚS SOLÍA hablar en parábolas, esas historias simples que nos permiten entender su obra, su propósito y su reino. Este libro no es otra cosa sino mi intento por ser más como Jesús y hablarles a través de la historia de una hija pródiga, la parábola de mi propia vida. Sus páginas revelan la redención, la libertad, la esperanza renovada, y la relación restaurada entre el Padre y su hija. Desde mi niñez he atravesado tiempos muy difíciles. En repetidas ocasiones tuve que enfrentar un mundo lleno de dolor y batallar conmigo misma a través de ello. Luego, al fin hallé gozo al rendirme completamente ante Dios, el Padre que me ama y me restaura.

En su libro *El Dios pródigo*, Timothy Keller define la palabra *pródigo* como la cualidad de gastarlo todo en una manera descuidada y extravagante.[1] Esto es justo lo que vemos hacer con su herencia al hijo pródigo en la parábola de Lucas 15. Más aún, esta también es la manera en que Dios nos amó cuando dio su vida en la cruz por nosotros. En este libro exploraremos el sentido profundo de las Escrituras cuando trata acerca de cómo podemos vivir nuestra vida pródigamente para Dios.

En las páginas que estás por leer comparto mi historia personal y mis procesos de restauración. Explico cómo Dios me rescató de vivir una doble vida siendo líder en la iglesia y viviendo en pecado. Este es el recuento de las historias y lecciones aprendidas desde el sufrimiento y las terribles adversidades de mi niñez hasta crecer y gastar mi vida pródigamente en pecado para finalmente ser rescatada por Dios, quien me enseñó a seguir viviendo pródigamente, pero esta vez para Él y ya no para mí misma.

Cada capítulo comienza con una descripción detallada de parte de mi historia, seguida por lo que Dios me enseñó durante mi proceso de sanidad, y concluye con una oración especial junto con Escrituras claves que nos sostendrán durante distintos procesos de vida y sanidad interior. Estas oraciones dirigidas son sólo un instrumento para ayudarnos a saber puntos importantes por los cuales pedirle al Padre cuando enfrentamos situaciones relacionadas al tema de cada segmento. Estas pueden ser usadas como guía durante tu tiempo personal de oración. Siéntete en total libertad de usar tus propias palabras, si eso es más cómodo para ti. Lo más importante es que recuerdes sostenerte de Dios mediante la oración durante tu propio proceso y travesía.

Las historias que narro en este libro, aunque son relatadas desde mi punto de vista, ahora restaurado, se basan en las memorias y recuerdos de las situaciones que viví, y cómo me hicieron sentir en el momento en que las enfrenté. Algunas partes de la historia no necesariamente reflejan mis opiniones o percepciones actuales, sino que son cierta y explícitamente representadas en cuanto a las perspectivas, precepciones y opiniones que tuve al desarrollarse cada suceso y de acuerdo con mis circunstancias físicas, mentales y emocionales del momento. Adicionalmente, para poder compartir estos relatos de la manera más real pero honrosa y respetuosamente, varios nombres, ocupaciones y lugares han sido cambiados u omitidos.

> De perdida a hallada, de huérfana a adoptada, del quebranto a la hermosura, y del vacío a la integridad.

Además, cada nombre o sustantivo perteneciente a Dios, Jesús o el Espíritu Santo siempre aparecerá iniciado en letrea mayúscula como un acto personal de exaltación literaria a Él. De la misma manera, cada palabra alusiva a satanás siempre aparecerá en minúsculas, ya que él no merece ningún tipo de honor, y nunca le será dado en ninguna de mis plataformas, incluyendo este libro.

Camina conmigo a lo largo de estas páginas mientras te llevo por un recuento de la obra de Dios en mi vida hasta ahora. En este libro podrás ver más allá de la artista y líder que dirige a otros a la presencia de Dios mediante la adoración. Entenderás por qué hago lo que hago. Sabrás la historia de una mujer que, como todos los demás, ha tenido que enfrentar batallas y atravesar el arduo proceso de la restauración: de perdida a hallada, de huérfana a adoptada, del quebranto a la hermosura, y del vacío a la integridad.

Es mi oración más sincera que a través de estas palabras puedas recibir la revelación de la paternidad de Dios tanto como la de tu propia identidad como su hijo, ya que una sin la otra ciertamente es incompleta.

*Parte I:*

—◆—

# COMIENZO

# Capítulo 1

# ❧ EL MARCO ❧

E RA UNA NOCHE fría en febrero de 1989, en la ciudad de Yonkers, Nueva York. La niebla cálida que formaba mi aliento se desvanecía ligeramente ante mi rostro, y había una chispa de alegría en mis ojos. Vivíamos en la Avenida Highland, cerca de todo lo que necesitábamos. Aún así, permanecíamos adentro de nuestro apartamento la mayor parte del tiempo, ya que vivir en la ciudad significaba que había peligros que no queríamos encontrar. El crimen estaba en aumento en esa parte de la metrópoli, especialmente con el incremento del abuso de drogas, algo que produce en la gente el deseo de hacer cosas locas. Mas en este día, eso y todo lo demás era opacado por lo que estaba por ocurrir.

Íbamos camino a una fiesta familiar. Al ser hija de una familia materna dominicana, puertorriqueña y de ascendencia italiana, seguramente habría música vibrante y celebración de alto volumen. Mi lado materno contrastaba mi linaje paterno americano proveniente de Italia, Alemania e Irlanda.

Antes de llegar a la celebración debíamos hacer una parada; una que yo había estado añorando por muchos días. Iba a verlo a él, como lo había hecho anteriormente un par de veces. Y allí me encontraba abrigada y disfrutando del corto viaje en auto hacia el hospital. Había un común denominador que escuchaba de todos los adultos a mi alrededor: "Él se va a poner mejor y regresará a casa pronto, ya verás". En cambio, esta vez no me lo contarían, sino que vería por mí misma la verdad tan profundamente deseada en cuanto a la mejoría de la salud de mi papá.

Yo sabía que a él le gustaba beber; sabía que el alcohol era el culpable de su enfermedad. Él y mi mamá habían tenido muchas discusiones al respecto, y fueron lo suficientemente acaloradas como para darme cuenta. Él ingresó varias veces a centros de rehabilitación. Mas cuando al fin se "ponía bien", tan pronto las cosas volvían a calmarse en casa, él resbalaba nuevamente en sus viejos hábitos y caía en el mismo ciclo otra vez. Ya había estado en esta posición, muchas más veces de la que un niño debería estar. Se sentía como un carrusel, pero sin la diversión. Esta vez él había estado lejos de casa durante mucho más tiempo que las ocasiones anteriores. Aun así, en mi corazón creía que él se mejoraría, que lo lograría, tal como lo había hecho antes. Realmente lo creía con todo mi corazón.

Mientras sentía mis frías mejillas deshelarse en la tibia calefacción del auto, cientos de pensamientos inundaban mi cabeza; pensamientos de amor, de esperanza, de felicidad, ninguno de ellos eran negativos. No podía esperar el momento de rodear su cuello con mis pequeños brazos otra vez. Podía sentir mis labios moverse en silencio, casi articulando las palabras que le diría cuando nuestras miradas se encontraran otra vez. La última vez que lo visité no se veía tan bien. De hecho, estaba un tanto esquelético y pálido. Estaba tan ansiosa por verlo en este mejor estado en el que todos decían que estaba.

En mi mente, una pequeña de seis añitos, esto significaba que probablemente lo vería reanimado, con ese bello color rosado en sus mejillas y sus grandes ojos color esmeralda sonriéndome con ánimo, como siempre lo hacían antes de que cayera en ese lecho de enfermedad. Después de todo, la última vez que lo había visto me dijo: "Te amo. Te veo luego, Chi Chi". Oh, ¡cuánto amaba que me dijera así! Siempre que me llamaba de esa manera yo lo recompensaba contestándole: "¡Papito!", expresión que lo hacía ponerse alocado de emoción contorneando un bailecito especial que sólo hacía para mi hermanita y para mí, al llamarlo de esa manera. Pasitos que yo repetía una y otra vez hasta que estallábamos con la más gozosa risa que un padre y su hija pudieran compartir.

De pronto, esos bellos y memorables retratos que se pintaban en mi imaginación fueron interrumpidos por nuestra llegada al hospital. Junto con mi hermanita nos quedamos en el vestíbulo, alguien cercano a nuestra familia cuidaba de nosotras mientras mi mamá subía a verlo primero. La vez anterior había hecho lo mismo y luego de varios minutos ella nos escabulló hasta su cuarto, aquel hospital no permitía que los niños entraran a visitar pacientes a sus habitaciones. Así que estaba esperanzada. Tomó más tiempo que antes, pero aún esperaba pacientemente.

De repente sonó el timbre del ascensor y en segundos vi a mi mamá caminando lentamente en nuestra dirección. Al instante pude leer en su rostro que algo no estaba bien. Sus ojos se veían casi sin vida, resentidos por las lágrimas que intentaba ocultar, eran como un volcán silencioso a punto de estallar. "No lo pude revivir", —dijo en voz temblorosa—.

"Se quedó medio muerto en mis brazos. Traté de retenerlo; hasta le tiré agua fría en la cara, pero no lo pude despertar. Se me fue". Esas fueron sus palabras mientras estallaba en el gemido más triste y acongojado que jamás había visto a alguien llorar. Mi Mami, la mujer más fuerte y gozosa que conocía, se estaba derrumbando bajo un peso invisible, y de una manera que nunca creí posible. Mientras ella sollozaba y otros trataban de confortarla, observaba aturdida por la verdad que intentaba decir con desesperación.

Fui golpeada por el *shock*. El tiempo pareció detenerse en ese momento. Lo único que resonaba continuamente en mi cabeza era: *"¿Qué? ¿Acaso está ella diciendo lo que creo que está diciendo? Tal vez esté hablando de otra persona. Ciertamente no de…"*, atemorizada en mi monólogo mental y mirando al vacío, con incredulidad pensé: *"Espera, ¿Papito? ¿Se fue… mi Papito?"*.

Hubo un silencio. Un silencio largo y profundo, como si el lazo que unía mi pequeño corazón con el de mi Papito hubiera sido cortado sin avisar. Mi Papito se había ido.

————◆————

## Todos tenemos un marco

Toda persona tiene un marco. Es aquel momento, lugar, suceso o combinación de circunstancias donde comienza todo. Ese inicio que pone todo lo demás en movimiento. Es aquello que ocurre en nuestra vida y pavimenta el proceso del camino que has de andar. Cada decisión dentro de ese camino tiene el poder de acercarte más a Dios o alejarte de Él. Los elementos de mi marco estaban compuestos de un lugar específico: ciudad de Nueva York; un trasfondo familiar multicultural y un sentido predominante: el luto.

Crecer en una familia latina tenía sus ventajas. Cuando mi papá falleció fue esa calidez que caracteriza a los hispanos la que me cubrió como una gran sábana. Siempre había alguien con quien sonreír o jugar. Siempre había alguien que estaba disponible para abrazarme, especialmente al atravesar el momento tan difícil de la pérdida de uno de mis seres más amados.

Otra parte de mi marco fue la iglesia. Mi mamá tuvo un encuentro salvador con Jesucristo antes de que yo naciera. Fue guiada a los pies de Cristo por mis abuelos, los cristianos más fieles y llenos de fe y de amor que conozco. Mamá se enamoró del Señor desde el primer momento en que lo recibió en su corazón. Ella y mis abuelos acostumbraban a llevarnos a mi hermana y a mí a la iglesia cada semana, asegurándose de que aprendiéramos de la Palabra de Dios y nos envolviéramos en las actividades de nuestra congregación.

Éramos una familia de creyentes nacidos de nuevo muy fervientes. Como tal, en nuestro hogar se aplicaba una escritura bíblica para cada situación. Mamá siempre se aseguró de eso. Muy a menudo llenaba nuestro hogar con el sonido de su voz entonando los himnos tradicionales o los famosos *coritos* que cantábamos en la iglesia. Cada vez que ella los cantaba no pasaba mucho tiempo antes de que me uniera a su voz, pues mi inclinación a la música me impulsaba a cantar desde temprana edad.

Mi papá parecía amar a Dios, o al menos mostraba tener gran reverencia por Él. Pero raras veces lo vi expresar devoción hacia Dios, no como Mamá lo hacía. Él trató de asistir a la iglesia con nosotros algunas veces, pero no perseveraba. Tal vez era por el hecho de que íbamos a una iglesia de habla hispana en el Bronx, y él no hablaba nada de español. Quizás él realmente no estaba dispuesto a tomarse de Jesús tanto como lo hacía con sus adicciones.

Pero una cosa es clara, sólo tenemos dos manos, y para poder tomarnos de Dios, es necesario soltar lo que tenemos agarrado. Mi papá tuvo que aprender esto de la manera más difícil, pero sin duda lo aprendió. De hecho, dos días antes de fallecer finalmente se soltó e invitó a Jesús a su corazón con verdadero arrepentimiento. Creo firmemente que no fue demasiado tarde. Dios intervino justo a tiempo con mi papá para llevárselo al cielo. Su tiempo fue perfecto. Al llevárselo de esa manera, lo salvó, y a nosotros también, del riesgo de regresar a sus ciclos viciosos que lo harían perderse de nuevo, y tal vez para siempre. Esa fue una batalla que el enemigo no pudo ganar. Dios salvó a papá, y nos dio la esperanza de volver a verlo cuando nuestras vidas hayan acabado en la tierra y nos vayamos a casa. ¡Aleluya!

Mi marco fue el de una pequeña niña en una gran ciudad, con un gran corazón y mucha gente para amar y por quiénes ser amada. A su vez, este marco estaba lleno de una abundancia de diversidad cultural que me rodeaba tanto, así como corría por mis venas. También incluía la pérdida, el dolor y el duelo. La mezcla de estas provocaría un cruce perfecto de dos sendas: una para edificación y otra para destrucción. Fue este marco el cual Dios usó para trazar los caminos entre los que debía escoger: florecer o marchitarme.

## Instruye al niño

Muchos de nosotros conocemos la Escritura que dice: "*Instruye al niño en su camino, y aun cuando fuere viejo no se apartará de él*" (Proverbios 22:6, RV60). Todo lo que es constante en la vida de un niño será el anticipo directo de cómo será su vida en la adultez. ¿Has advertido cómo los niños pueden ser tan rectos y firmes en sus perspectivas, y al mismo tiempo tan fácilmente influenciables? Ellos usualmente son el grupo humano que más rápido da una respuesta cuando se le pregunta qué quieren en la vida, qué desean ser cuando crezcan, a dónde quieren vivir, a quién les gustaría conocer, a quién desearían tener de amigo, etc. Usualmente saben responder mejor que los adultos. Además, como un regalo extra (sarcásticamente hablando), ellos parecen ser los más vulnerables a los planes del enemigo. De hecho, la niñez parece ser el blanco de estos ataques destructivos.

Hay muchas maneras en que los niños son vilmente atacados. Tal vez has visto o escuchado algunas noticias acerca de un niño o una niña que ha sido abusado o secuestrado, que está terriblemente mal herido o enfermo, enfrentando injusticia, en la calle, o hasta muerto. Hay algunas estadísticas alarmantes al respecto:

+ Uno de cada dos matrimonios termina en el divorcio, la gran mayoría tienen hijos.[2]
+ Cerca de veinte por ciento de mujeres y el diez por ciento de hombres reportan haber sido abusados sexualmente en su niñez. Aproximadamente veinticinco por ciento de todos los niños reportan haber sido abusados físicamente.
+ En algunos países, cerca de una tercera parte de niñas adolescentes reportan que su primer encuentro sexual fue forzado.
+ Mundialmente, hay cerca de dos millones de niños que forman parte del comercio y tráfico sexual. Cada año, un estimado de seiscientos mil a ochocientos mil niños, mujeres y hombres son traficados a través de fronteras internacionales. El valor total

del mercado de la industria del tráfico humano se estima que
es de más treintaidós mil millones de dólares.

+ De acuerdo al *World Health Organization* (WHO)
[Organización Mundial de Salud], treintaiún mil niños
mueren a manos de adultos cada año. La mayoría de ellos con
menos de cuatro años de edad.

+ Del veinticinco al cincuenta por ciento de los niños reportan
abuso físico frecuente y severo, incluyendo recibir múltiples
golpes y patadas o ser amarrados por sus cuidadores.

+ El WHO estima que ciento cincuenta millones de niñas y
setenta y tres millones de niños menores de dieciocho años
experimentan algún tipo de penetración sexual forzada o
violencia.[3]

Es claro ver que hay un plan activo para manchar la vida y el futuro de
nuestra niñez. Esto, sin contar el bombardeo psicológico al que se enfrentan
todos los días ante los medios de comunicación. Si miramos aún más
de cerca la frase: *"Instruye al niño..."*, en Proverbios 22, podemos notar
inmediatamente que la estrategia del enemigo de nuestra alma es poner
toda clase de "palos en la rueda" al movimiento, la vida y el desarrollo
correcto de nuestros pequeños. Pienso que es por esta razón. Hay un viejo
refrán que solemos decir mucho en Puerto Rico que dice así: *"Más sabe
el diablo por viejo que por diablo"*, y creo que es muy cierto.

Debo aclarar algo y es que no pretendo darle ningún crédito al diablo
con lo que estoy a punto de señalar. Solo Dios es omnipotente (tiene todo
poder), omnipresente (está en todo lugar), y omnisciente (todo lo sabe).
Aun así, es altamente probable que el reino de las tinieblas haya aprendido
a identificar las señales de grandes propósitos en cada uno de los hijos
de Dios. Más aún, a menudo el enemigo sabe más sobre nuestro propósito
que nosotros mismos. Claro está, no estoy implicando con eso que el
diablo y sus demonios sean más ni mayores que Cristo en su conocimiento, Cristo ya ha vencido sobre todos los poderes del mal en la cruz (Colosenses 2:15). Pero, piénsalo por un momento. El enemigo ha sido testigo
de la completa trayectoria de la humanidad desde sus inicios, con Adán
y Eva. El reino de la oscuridad también ha sido testigo de la comunión
de Dios con el hombre, y ellos la odian. Probablemente se retorcieron al

sonido de la voz de Dios haciendo promesas a su pueblo a través de todas y cada una de las generaciones que han existido. Así como con el principio bíblico de la siembra y la cosecha (Gálatas 6:7), la grandeza y bendición prometidas a nuestros ancestros que descienden hasta nosotros y nuestros hijos (Éxodo 20:6), así también sus maldiciones (Éxodo 18:20). Por ahora quiero que sepas esto. Hay grandeza dentro de ti. Fue Dios quien la depositó en tu vida desde antes de que se estableciera la fundación de la tierra. Todas las cosas, incluyéndonos, son de Él, por Él, y para Él (Romanos 11:36) y separados de Él no podemos hacer nada (Juan 15:5) Somos de, por y para Dios, y nada somos sin Él. Dios es bueno. De hecho ¡Él es el mejor! Por tanto, puedes tener la seguridad de que fuimos creados a Su imagen. Él puso de Su grandeza en cada cual y así nos habilitó para llevar a cabo Su propósito por el cual fuimos traídos a este mundo. Podemos alcanzar absolutamente el potencial de Su grandeza si lo hacemos con Él, y no podemos lograr absolutamente nada sin Él. El enemigo desea destruir ese potencial. Quiere aplastar y erradicar esa grandeza de nosotros, porque le recuerda a nuestro buen Padre, a quién odia. Parece que su arma predilecta para herir al Dios que tanto desprecia es hacer todo lo posible por destruirte a ti. Sí, a *ti*, la creación más preciada de Dios. Y así, conectando esta verdad nuevamente con Proverbios 22, es evidente que la estrategia del enemigo es lanzarnos golpes mortales desde una temprana edad. Si él puede, tratará con toda su fuerza de sacar a golpes el potencial que Dios ha puesto en cada uno de nosotros. Esto, con el fin de hacer una marca indeleble y profunda en nuestra mente y corazón (y a veces nuestro físico) para intentar que carguemos con el dolor de esos golpes por el resto de la vida. Si el enemigo logra esto en ti, aumentará las probabilidades de que te alejes de Dios y de su plan, el que fue pensado para ti mientras eras creado, como dice Jeremías 29:11 (NTV): "*Pues yo sé los planes que tengo para ustedes —dice el Señor. Son planes para lo bueno y no para lo malo, para darles un futuro y una esperanza*".

### ¿Cuál es tu marco?

Siempre me han gustado las historias, contarlas, escucharlas y leerlas. Cuando era niña y estudiaba en la escuela desarrollé el placer de escribirlas. Mis maestros me enseñaron términos literarios como *personajes*, *trama*, *tema*, *conflicto*, *nudo* y mi favorita, el *marco* (algunos le llaman marco teórico, escénico o narrativo). Este último, como hemos mencionado, se refiere al tiempo, el lugar y los personajes que conforman un relato. Más allá de eso también es definido como poner a algo o alguien en un lugar o posición, postura, condición o dirección particular.[4]

Como ya saben, el marco de mi historia es Nueva York en los años ochenta, en un hogar multicultural, con una familia cristiana amorosa, pero también con mucho sufrimiento. Ese fue *mi* comienzo.

Entonces, ¿cuál es tu marco? ¿Alguna vez te has detenido a pensar en eso? Intenta echar un vistazo mental a tu pasado, a tus primeras memorias en la vida. ¿Qué ves? ¿En dónde te encontrabas? Tal vez naciste en un pueblito pobre con poco para vivir o en "cuna de oro con cuchara de plata" llena de abundancia. Tal vez fuiste criado en un hogar estable, con un buen y nutrido ambiente familiar, o quizás fuiste abusado de más maneras de las que puedes contar o quisieras recordar. A lo mejor te faltó uno de tus padres, como a mí. O quizás quedaste huérfano, pero tuviste la bendición de ser adoptado. Tal vez sigues en busca de una familia real que te ame y acepte. Cualquiera hayan sido tus comienzos, una cosa sé y es una verdad absoluta: "*A los que aman a Dios, todas las cosas les ayudan a bien, esto es, a los que conforme a su propósito son llamados*" (Romanos 8:28, rv60).

Sé que tal vez podría resultarte difícil de creer que lo malo que te ha sucedido en la vida pueda ayudar a bien. Pero, por favor créenme cuando te digo esto: ¡Es cierto! Dios tiene la costumbre de hacer que *todas* las cosas ayuden a nuestro bien cuando amamos a Dios. Yo soy un vivo ejemplo de esto y en los próximos capítulos conocerás más de cerca mi travesía y cómo pude hallar el bien en medio de tanto mal.

Cualquiera que sea tu marco, debes saber que Dios es poderoso para ayudar a construir o destruir tu futuro. Claro está, tus circunstancias no tienen poder en sí mismas, pero cuando se ponen en las manos de Dios, se convierten en una herramienta muy poderosa que Él usa para posicionarte sobre un destino al que no podrías llegar de otra manera. Permitir que tu marco descanse en las manos de Dios te hace llegar a un lugar de decisión y elección, un lugar de aceptación de Dios y rechazo del pecado y del pasado, pero sobre todo, un lugar justo dentro del plan perfecto de Dios para tu vida.

Tu marco es nada más que el camino en el que fuiste puesto para iniciar la carrera de la vida hacia los brazos del amor. Sí, es inevitable tener tropiezos y derrumbes en el camino. Aun así, mientras persistimos hacia adelante con nuestra esperanza puesta en el Padre celestial, Él ciertamente hará de nuestras circunstancias, nuestras mayores bendiciones, aquellas que no habríamos podido recibir de otra manera. Así que, ¿cuál es tu marco? ¿Lo has abrazado? ¿Has permitido que te acerque más a Dios? Si estás buscando cómo poder hacer esto, es mi más ferviente oración que lo puedas hallar en las páginas que siguen.

———◆———

## Orando a través de tu marco

Si estás descubriendo y aprendiendo a atesorar tu marco, o si estás embarcando en tu proceso de sobrellevar y vencer tu pasado, te invito a que hagas esta oración:

*Amado Dios:*

*Me acerco a tu trono con alabanza y agradecimiento. Dios, tú eres el dador de la vida y te doy gracias por la mía, y porque aún sigo vivo. Gracias también por mi marco. Tú, quien ves todas las cosas, fuiste quien me puso en este camino desde el principio. Recibo, acepto y abrazo mi marco, creyendo que tienes un plan y un propósito para todo. Te pido que tu mano me guíe cuando pierda de vista el camino, y que tu voz calme mi corazón cuando no pueda ver el panorama completo de lo que tienes guardado para mi vida. Ayúdame a estar enfocado en ti, y no en mis circunstancias, pues tú eres mucho mayor que ellas. Caminaré seguro sabiendo que "todas las cosas ayudan" a mi bien.*

*En el nombre de Jesús oro y creo.*

*Amén.*

## Escrituras claves para sostener:

*"El Señor dirige nuestros pasos, entonces, ¿por qué tratar de entender todo lo que pasa?".*

—Proverbios 20:24 (NTV)

*"Y sabemos que a los que aman a Dios, todas las cosas les ayudan bien, esto es, a los que conforme a su propósito son llamados".*
—Romanos 8:28 (RV60)

*"Pues yo sé los planes que tengo para ustedes —dice el Señor—. Son planes para lo bueno y no para lo malo, para darles un futuro y una esperanza".*
—Jeremías 29:11 (NTV)

## Parte II

# NIÑA
# PERDIDA

# Capítulo 2

# PÉRDIDA, DOLOR Y LUTO

*"El dolor es algo amable y esperanzador, una cierta prueba de vida,
una garantía clara de que aún no todo ha terminado, que aún hay una
oportunidad.*
*Mas si tu corazón no tiene dolor, pues, eso podrá significar salud como
podrías suponer.*
*Pero ¿tienes la certeza de que no significa que tu alma está muerta?".*

—A. J. GOSSIP (1873–1954)
Líder cristiano, autor, teólogo y maestro escocés[5]

L A MAÑANA DEL domingo había llegado. Estábamos de camino a la
iglesia, como hacíamos fielmente desde que tengo memoria. Habían
pasado un par de días desde del funeral de papá, un velorio a ataúd
cerrado por solo una noche. Nunca entendí por qué decían que íbamos
a "velarlo", porque en verdad ya no podría posar mis ojos sobre su fuerte y hermoso rostro. Después de una noche de temas fúnebres, su cuerpo fue cremado, tal y como él lo había pedido. En una ocasión escuché
una conversación entre él y mi mamá. Le oí decir: "Me rehúso a que me
coman los gusanos", algo que para mi mamá pareció frustrante escuchar.
Pero para cuando mi cabecita entrometida entró lentamente a la habitación, la conversación cambió drásticamente. Por supuesto, yo no tenía
idea de que aquello de lo que estaban hablando se refería a *este* momento.

Mi abuela, su madre, se llevaría las cenizas a descansar cerca de su casa,
un lugar ubicado entre Nueva York y Canadá. Tristemente, él sería el primero en ser enterrado en el sepulcro familiar. Hasta ese momento yo no
había llorado como era de esperarse. Tal vez era por el hecho de que tantas personas a quienes estimábamos y amábamos nos acompañaban, yo
realmente amaba estar rodeada de gente, siempre ha sido algo que dio vida

a mi alma. Entre todos los que asistieron al servicio fúnebre había familiares y amigos que hacía tiempo no veíamos. Todos estaban haciendo su mejor esfuerzo por hacernos sentir abrazados con su apoyo, simpatía y afecto. Hubo momentos en que el gozo de verlos parecía eclipsar mi tristeza, aunque fuera por unos instantes.

Durante el servicio memorial muchos nos brindaban compañía a mi hermana y a mí, de la mejor manera, manteniendo entretenidas a dos niñas de cinco y seis años de edad. Juegos, muecas chistosas y los ocasionales ataques de cosquillas nos daban un toque feliz de juego de niños. La compañía y aparente diversión me mantuvo muy ajena del hecho de que ellos tenían la misión de mantener a las nuevas huerfanitas entretenidas, y tal vez distraídas de tener que enfrentar la cruda realidad, aunque fuera por un rato.

De vez en cuando mi mirada divagaba hasta fijarse en el ataúd cubierto de terciopelo gris que tenía ondas estampadas al relieve en su superficie. A pesar de lo que representaba, pensé que era bello. A menudo caminaba hacia él sólo para sentir la textura suave y tupida que cubría aquella gran caja como un guante. Detrás de él estaban las típicas cortinas fúnebres con su genérico color beis complementadas con las lámparas que imitaban candelabros, una a cada lado del féretro. Muchas flores fueron desplegadas en una esquina, aunque eran muy coloridas, parecían sin vida. O tal vez era que las miraba a través del velo de tristeza que cubría mis ojos.

Sobre el ataúd había una simple foto, una que yo conocía muy bien. Era nuestro retrato familiar, tomado cuando yo tenía tan sólo tres añitos. Esta fue la primera imagen que me hizo identificar que papá y yo teníamos los mismos ojos color esmeralda-oliva, y ciertamente esa foto le hacía toda la justicia debida. Con fin de honrar a papá en su funeral, la foto había sido cubierta con una hoja blanca a la que le habían cortado una apertura ovalada para mostrar el rostro buenmozo de mi *Papito*. Él era realmente muy guapo y también una bella persona. Contemplar su foto casi me hacía olvidar que su cuerpo sin vida yacía en esa bonita caja gris.

Todas estas memorias recientes inundaban mi cabeza mientras continuábamos el camino hacia la iglesia. Al salir de la casa, mi mamá, una verdadera y fiel sierva de Dios, parecía estar calmada y serena. Como era de esperarse, no hubo intercambio de palabras más allá de lo necesario, pero yo sabía que su inconmovible confianza en Dios aún estaba ahí. Ella sabía sostenerse fuertemente del Señor, especialmente en ese momento. Pero de repente, justo cuando el silencio se hacía agobiante, la tristeza de mamá se quebró en un desesperante suspiro, como los que dan aquellos que se están ahogando. Seguido a eso, hizo una pausa por un momento, casi como cuestionando si debía seguir respirando, y estalló su llanto. Sollozaba como aquel primer llanto que la sobrecogió la noche que papá falleció en sus brazos. Al escuchar este sonido, fue inevitable que mi hermana y yo siguiéramos a coro. Y en un instante, ese vehículo se convirtió en el transporte reverberante de lamentos de pura tristeza, pena y melancolía, expuesto por tres almas que juntas sentían perderlo todo.

Fue en ese momento que pude sentir algo dentro de mí que nunca antes había sentido. Algo comenzó a subir desde las profundidades más internas de mi ser, desde un lugar que a mis seis años aún no había descubierto: mi alma. Sentía que algo quemaba como brazas mi corazón. Era…dolor. Pero no la clase de dolor que sentía cuando me caía y pelaba mis rodillas, ese dolor se curaba con una pequeña venda y el besito de mamá. Esto era otra cosa. Era la peor sensación que jamás había sentido. En ese momento pude darme cuenta de que había un área de mí, más allá de mi cuerpo, que podía sentir tanto dolor o más.

Era mi alma. Esa delicada membrana entre el cuerpo y el espíritu que contiene nuestra mente, nuestra voluntad y nuestras emociones. Y dolía. Dolía muchísimo. Este dolor en mi alma punzaba y apuñaleaba mi corazón, más aún cuando en ese momento descubrí la verdad de que…"Papá se fue. Realmente se fue, y nunca va a regresar. Hoy, cuando lleguemos a casa luego de la iglesia, él no estará ahí; ni hoy, ni nunca". Este fue mi primer encuentro con el dolor del alma. Su intensidad penetró profundo en mi corazón y permanecería ahí por años.

La causa de este terrible dolor era la pérdida. Aceptar la realidad de que yo en verdad había *perdido* a mi Papi me hacía sentir que caía en un sumidero de desesperación, perdiendo de vista la esperanza. Lo único que podía hacer era llorar y gritar, y eso hice. Lloré todo el camino a la iglesia. Lloré cada vez que alguien lo mencionaba. Lloré en el camino de regreso. Y colapsé sobre mi cama cuando al llegar, la casa olía a papá, pero ya no podría encontrarlo allí. Tanto dolor que casi podía sentir su sabor, como si me estuviera ahogando en un mar de lágrimas. Y así, por primera fui consciente de que mi alma estaba herida.

## El dolor y la vida van de la mano

Dolor. Es muy probable que sepas exactamente lo que significa y cómo se siente solo con leer la palabra. El dolor es esa parte de la vida que todos queremos evitar. Es posiblemente la parte que más intentamos compensar en la vida, neutralizando sus efectos con elementos o situaciones que nos alivien. Muchas veces, decimos que estamos evitando el peligro, cuando realmente estamos intentando evitar el dolor. Por ejemplo, no cruzamos la calle cuando hay vehículos en tránsito. Nuestra atención ante el peligro es en realidad un intento de evitar una colisión o una posible muerte dolorosa.

Cuando afrontamos situaciones dolorosas tendemos a adoptar comportamientos y estilos de vida que nos ayudan a aliviarlo u olvidarlo. Algunos, sépanlo o no, hasta transforman sus cuerpos y sus almas para poder lidiar con él. Sin embargo, he aprendido que cuando el dolor nos confronta, la mejor manera de lidiar con él, no es evitarlo, sino aceptarlo, buscar de dónde viene, y sanarlo. Y esa es la parte complicada.

El primer paso para sanar los dolores de la vida es aceptar la verdad de lo que realmente es: un recordatorio de que hay vida. No solo eso sino también una evidencia de que aún estamos vivos, y por ende podemos hacer algo para resolverlo. El dolor es la alarma que nos avisa cuando algo anda mal para que podamos solucionarlo y mantenernos vivos. Es lo que nos dice que "aún estamos aquí". Piénsalo, si no tuviéramos un corazón latiendo en nuestro pecho, y aliento en nuestros pulmones, sería imposible que sintiéramos dolor. En el único momento que alguien deja de sentir dolor es cuando ha muerto. De otra manera, el dolor definitivamente sucederá en la vida.

## Dolor: Fábrica de esperanza

A menudo oímos el dicho: "Mientras hay vida, hay esperanza". La Biblia lo expone de esta manera en Eclesiastés 9:4a (NTV): "*Hay esperanza solo para los que están vivos*". Ahora bien, la Escritura claramente establece que mientras hay vida latente en nuestro interior, hay esperanza. De la misma manera que el dolor evidencia la vida, también es una seguridad de esperanza. Por lo tanto, cuando el dolor golpea, nos dice que todavía tenemos espacio para la esperanza, porque todavía "estamos aquí", vivos, sobreviviendo, y prontos a prosperar.

La Biblia también dice que: *"Esta esperanza es un ancla firme y confiable para el alma"* (Hebreos 6:19a NTV). Esta palabra es clave para entender el significado de la esperanza. El *ancla* nos mantiene firmes en las tormentas de la vida. Pero la esperanza a menudo llega como resultado de situaciones dolorosas. La esperanza nos ayuda a "sostenernos bien" en medio de todo el dolor inevitable de la vida.

El dolor fue diseñado para, al final, producir esperanza. Esta, a su vez nos mantiene nivelados cuando estamos en dolor. En palabras simples, el dolor es evidencia de vida, y donde hay vida aún hay esperanza. El dolor y la esperanza son como un ciclo que al final busca ayudarnos a crecer más cerca de Dios.

## Enfrentando la pérdida y el duelo

En algún momento de nuestra vida, todos pasamos por alguna forma de pérdida, el duelo viene después. La palabra luto o duelo proviene del latín *gravāre*, que significa "tener carga o poner carga sobre" y es un derivado de *gravis* que significa "pesado".[6] Indudablemente, el duelo es una de las cargas más pesadas que una persona puede llevar en la vida y es producto de la pérdida. Su aparición no se limita solamente a la muerte de un ser querido, sino también viene con otras pérdidas como la separación conyugal o divorcio, las repercusiones del aborto, la pérdida de algo muy preciado como un trabajo, una empresa, la salud, el hogar o hasta una relación que te dejó con el corazón roto. Es importante saber que el duelo no puede ser evitado, aunque puede ser sobrellevado y vencido.

La mejor manera para vencer al duelo es sostenerse fuertemente de Dios y de su Palabra. Cristo mismo nos aseguró que definitivamente en la vida pasaremos por tiempos difíciles (Juan 16:33). Una de mis versiones favoritas de la Biblia es *The Message* [El Mensaje] y dice: "Les he dicho todo esto para que *confiando en Mí*, sean inamovibles y seguros, *en profunda paz*. En este mundo sin Dios continuarán experimentando dificultades. ¡Pero no se desanimen! Yo he conquistado al mundo" (traducción directa y énfasis añadido). Otra Escritura muy importante que nos da una clave para vencer las dificultades es Romanos 8:37 (RV60): *"Antes, en todas estas cosas somos más que vencedores **por medio** de aquel que nos amó"* (Énfasis añadido). Verdaderamente, la única manera de vencer el luto es atravesándolo. Así de intimidante como pueda parecer, en estos dos pasajes bíblicos aprendemos que aún en medio del duelo hay buenas noticias. Si confiamos en Cristo, nuestro vencedor, podemos hacer frente al duelo, ya que Él nos cubre en medio de las tormentas de la vida. Sí, hay esperanza, y la hallamos al confiar en Jesucristo.

### El duelo saludable

Quizás estás atravesando un tiempo de duelo, y has perdido de vista esa "esperanza" de la que te acabo de hablar. Aunque las Escrituras mencionadas son maravillosas y vivificantes, hay momentos en los que es necesario tomar tiempo para permitirnos sentir el dolor y tener un luto saludable. Cuando ese es el caso, hay una serie de etapas por las cuales una persona debe pasar después de una pérdida, que más adelante discutiremos en detalle. Pero antes, quiero señalar las áreas específicas del duelo, de las que he aprendido tanto en mi experiencia personal como en conversaciones con consejeros y terapeutas específicos.

Primero, una persona que está atravesando el duelo necesita el apoyo de alguien que esté dispuesto a simplemente a acompañarlo durante este proceso doloroso, aunque sólo sea para escuchar, tomarlo de la mano o brindar un hombro sobre el cual llorar. Segundo, la mejor manera de atravesar el luto es teniendo en cuenta que es un proceso natural y doloroso que debe afrontarse y no evitarse, para poder superarlo. La actitud que se asume durante este proceso es un factor muy importante para sobrellevarlo.

Me he dado cuenta que cuando se trata de cristianos, existen dos actitudes extremas que muchos asumen cuando atraviesan los procesos de luto. Yo llamo a estas actitudes el "positivista desenlutado" y el "negativista sobreenlutado" o "POSE" y "NOSE", como me gusta llamarlos respectivamente. Pienso que estas dos actitudes extremas deben ser evitadas para poder pasar por un proceso de duelo saludable y bíblico.

### El positivista desenlutado o "pose"

Defino al positivista desenlutado (pose) como aquél que proyecta una actitud excesivamente positiva cuando pasa por situaciones de pérdida. El nombre "pose" es porque actúa como el que siempre ríe para una foto, pero no es realmente lo que siempre siente. Es decir, que tienen una "pose" ante la situación. Es muy común que cuando se asume esa mentalidad, es para huir del dolor de la pérdida o tratar de pasar por él rápidamente, de manera que lo retiene todo por dentro y trata de parecer "fuerte".

Esta actitud da la sensación de que la persona puede ser más fuerte de lo que realmente es, más de lo que fue previsto cuando Dios nos creó. Muchos hasta intentan ser más fuertes que Jesús mismo, quien estuvo entre los muchos mencionados en la Biblia como alguien que lloró y gimió (Juan 11:35).[7] Dios nunca tuvo la intención de que fuéramos suficientemente fuertes en nosotros mismos. Somos muy frágiles para sobrevivir bajo la falsa suposición de que podemos hacerlo todo, serlo todo y superarlo todo por nosotros mismos. La intención de Dios para nuestra vida es que dependamos y hallemos nuestra fuerza en Él. Sin embargo, entiendo que muchos se apoyen en esta actitud como un mecanismo de ayuda para lidiar con el dolor de la pérdida y superarlo lo más rápido posible. Aun así, este enfoque causa dos efectos muy peligrosos en el alma:

### 1. La negación

El Espíritu Santo, nuestro Consolador, sana todas las heridas. Pero Él ministra y sana en un ambiente de verdad, ya que Él es el Espíritu de verdad. El texto de Juan 14:17 (RVC) dice: "el *Espíritu de verdad*, al cual el mundo no puede recibir porque no lo ve, ni lo conoce; pero ustedes lo conocen, porque permanece con ustedes, y estará en ustedes" (énfasis añadido). El mundo no puede recibir al Espíritu Santo y Su verdad porque no lo conoce, o mejor dicho, lo *niega*. La negación no es otra cosa sino mentir; mentirte a ti mismo. Por tanto, cuando rechazamos la verdad de nuestro dolor y aflicción, y entramos en negación, comenzamos literalmente a vivir una mentira. El ejemplo más simple de esto es cuando decimos "estoy bien", pero realmente estamos profundamente dolidos por haber perdido algo o alguien preciado. Algo ocurre en nuestro interior que provoca una mejoría en nuestra sanidad cuando admitimos que algo anda mal y necesitamos a Dios para que nos ayude a superarlo.

A lo largo de la Biblia, vemos que Jesús, en muchísimas ocasiones, antes de sanar a alguien, primero le preguntaba qué quería que hiciera por él o ella. Jesús no le hacía esta pregunta para poner al descubierto una situación o defecto públicamente, ya que Él no es un Dios condenador ni burlador, sino el mayor en amor y compasión. Más bien pienso que Él preguntaba esto para ayudar a que la persona necesitada admitiera su realidad y su necesidad. Estoy segura de que si alguno de esos a quien Cristo sanó hubiese respondido a Su pregunta con "Oh no, yo estoy bien", probablemente no hubieran sido sanados.

Cuando vivimos en negación le mentimos a otros tanto como a nosotros mismos. Esto contrista al Espíritu Santo, que es el Espíritu de verdad, ya que al negarlo nos convertimos en parte del mundo que no puede recibirlo. De esta manera rechazamos al Espíritu Santo, nuestro único aliado en la batalla contra el dolor y el duelo. Él es el único que puede sanarnos, pero nuevamente cabe decir, sólo lo hace en un ambiente de verdad. En adición a eso, cuando nos mantenemos en negación (viviendo una mentira), nos hacemos aliados al padre de mentiras, satanás, quien opera en un ambiente de mentira. Una verdad importante que debemos saber es que no podemos servir a dos señores (Mateo 6:24). No podemos estar en alianza con Dios y el diablo a la misma vez. Debemos renunciar a uno para unirnos al otro. Por tanto, debemos rechazar la mentira y a satanás, y abrazar la verdad para que el Espíritu Santo pueda operar bien en nuestro proceso.

## 2. La infección del alma

¿Alguna vez le has puesto un pequeño vendaje a una herida sin limpiarla o desinfectarla apropiadamente? Si lo has hecho, seguramente has experimentado un dolor en esa herida que se incrementaba más y más cada minuto. Esto es porque esa parte de tu cuerpo, donde estaba esa herida, se infectó. Lo mismo ocurre con el alma. Cuando recibimos un golpe emocional, como lo es una gran pérdida, se abren heridas en nuestra alma. Estas nos lastiman, y muy a menudo el dolor que proviene de ellas, nos abruma.

En la sociedad de alta velocidad en la que vivimos nos hemos acostumbrado a la gratificación instantánea. Tener automóviles, hornos de microondas, internet, y muchas otras vías de aceleración, nos ha hecho pensar que podemos sanar nuestra alma de manera igual de instantánea. Lo cierto es que todo tipo de proceso de sanidad toma tiempo y no puede ser acelerado más de lo que amerita. A menudo tenemos la tendencia de vendar rápidamente nuestra alma con "curitas" o vendajes emocionales. Algunos, por ejemplo, añaden más trabajo a sus quehaceres para mantenerse muy ocupados y distraídos de su dolor. Otros comienzan a ahogar sus penas con exceso de comida, televisión, deportes, entretenimiento, u otras actividades o gustos para intentar escapar. Algunos hasta comienzan a participar en actividades extremas y peligrosas, o en costumbres dañinas, como el abuso de alcohol o drogas. Cualquier cosa que se use para tapar el dolor momentáneamente y evitar lidiar con el proceso de sanar las heridas de la pérdida (a veces actuando como si nada hubiese pasado), causa una infección en el alma. Y esto concluye en un proceso de sanidad del dolor aún más prolongando de lo necesario.

La cadena Christian Broadcasting Network (CBN, por sus siglas en inglés) publicó algo acerca del duelo relacionado a la mentalidad de "pose", que me gustó mucho:

> *"El luto es un proceso natural y saludable que nos habilita para recobrarnos de terribles heridas emocionales. William Cowper, el compositor inglés de himnos, dijo: 'El luto en sí mismo es medicina'. La gente podrá decir: 'No llores; tu ser querido está en el cielo'. Eso podrá ser cierto, pero es importante lidiar con el dolor propio de la pérdida. No debemos sentirnos culpables por sentir luto porque es una parte necesaria del camino de la sanidad de Dios en nosotros".[8]*

Es cierto que nuestra fe siempre debe estar anclada a la Palabra de Dios, y nunca más debemos usarla para tratar de escapar del doloroso, pero necesario proceso de duelo. De otra manera nos arriesgamos a vivir en contradicción directa con las verdades bíblicas acerca de cuán necesario es pasar por el tiempo de luto. Las Escrituras declaran que debemos balancear nuestro tiempo, como dice Eclesiastés 3:1–8 (NTV):

> *"Hay una temporada para todo,*
>  *un tiempo para cada actividad bajo el cielo.*
> *Un tiempo para nacer y un tiempo para morir.*
>  *Un tiempo para sembrar y un tiempo para cosechar.*
> *Un tiempo para matar y un tiempo para sanar.*
>  *Un tiempo para derribar y un tiempo para construir.*
> *Un tiempo para llorar y un tiempo para reír.*
>  *Un tiempo para entristecerse y un tiempo para bailar.*

*Un tiempo para esparcir piedras y un tiempo para juntar piedras.*
*Un tiempo para abrazarse y un tiempo para apartarse.*
*Un tiempo para buscar y un tiempo para dejar de buscar.*
*Un tiempo para guardar y un tiempo para botar.*
*Un tiempo para rasgar y un tiempo para remendar.*
*Un tiempo para callar y un tiempo para hablar.*
*Un tiempo para amar y un tiempo para odiar.*
*Un tiempo para la guerra y un tiempo para la paz".*

Tomando esto en cuenta, debemos saber que hay un tiempo para permitirnos sentir el dolor y estar de luto. La manera correcta de hacerlo es siendo honesto con nosotros mismos, reconocer el dolor, llorar las pérdidas, y permitir que Dios nos ayude en cada uno de estos pasos. Nuestra postura nunca debe ser una "pose" de un falso positivo. Nuestra esperanza y ayuda siempre debe venir de Dios. No podemos sanarnos a nosotros mismos, solo Dios puede hacerlo.

## El negativista sobreenlutado o "nose"

Esa posición es asumida cuando nuestra actitud hacia el luto permanece en la ira que viene con la pérdida. Usualmente vemos esto en personas que aunque sirven a Dios, le echan a Él la culpa de sus pérdidas. Aunque esto es parte de una de las etapas normales del proceso de duelo, a veces se excede de su límite, de manera que da paso a ser tentado a vivir una vida en rebelión contra Dios. La gente que asume esta mentalidad tiende a creer que todo "es culpa de Dios", el que hayan perdido algo o alguien. De esta manera asumen una actitud interna de *"no sé* dónde estaba Dios cuando ocurrió esto" y *"no se* puede vencer esta situación".

He observado que aquellas personas que asumen este tipo de actitud, las invade la amargura hasta volverse el centro de todo. Se alejan de Dios y de su Palabra pensando constantemente en las implicancias negativas de su pérdida. Contrario a la negación usualmente asumida por la mentalidad de "pose", este estado mental es propenso a sobre-expresar el dolor. Aquellos que adoptan la mentalidad de "nose" tienen una grave tendencia a autoflagelarse emocionalmente con memorias y palabras dolorosas, aun permitiendo que ingrese la culpa en su corazón. Es como cuando pones tierra en una herida abierta. El peor efecto de este estado de ánimo es su distanciamiento de Dios, y la falta de deseo de salir de su dolor.

Estos tipos de personas tienden también a alejar de sus vidas a quienes les brindan buenas relaciones, con tal de rechazar cualquier palabra de esperanza y de apoyo. La única manera de volverse de la postura de "nose" es aceptando humildemente que Dios no es culpable, que Él nos ama y quiere sanarnos, y que debemos permitirle hacerlo a través de un proceso saludable de duelo.

## El duelo en los niños

Este tema está cercano a mi corazón, ya que yo solo tenía seis años de edad cuando perdí a mi papá. Fue la primera vez que afronté una pérdida significante. En ese entonces, los adultos en mi vida no fueron completamente abiertos al comunicarme los detalles acerca de las circunstancias de la muerte de mi papá. Ahora sé que intentaron resguardarme del dolor. Sin embargo, aún sentía el dolor de esta gran pérdida como cualquiera otro niño o adulto que estuviera en la misma situación. Sé que me hubiera ayudado mucho tener a alguien que me explicara lo que estaba sucediendo y lo que iba a ocurrir.

Es muy importante saber que un niño quizás no puede expresar sus sentimientos o reaccionar de la misma manera que un adulto al perder a un ser querido. Mas ellos igual están muy al tanto del profundo dolor que acompaña tal pérdida, así y como lo sentiría un adulto. Los niños todavía están desarrollando sus procesos de pensamiento, sus formas de expresión, y sus destrezas de comunicación. Si tienes niños, los conoces o planificas algún día tener los tuyos propios, aquí hay algunos detalles que te animo a tener muy presente.

De acuerdo con el *Children's Grief Education Association* [Asociación de Educación para niños atravesando el duelo],[9] los niños, en distintos grupos de edades, tienen distintas maneras de procesar el duelo. Los infantes se comunican a través de sonidos de llanto, balbuceo, lenguaje corporal, y hasta pueden adquirir síntomas tales como cólicos, inquietud o agitación. También pueden percibir si su cuidador está angustiado. Los niños entre las edades de 3 a 5 años ya saben lo que significan conceptos más simbólicos como estar triste, enojado o asustado, y comienzan a expresarse más verbal y tangiblemente mediante sus cinco sentidos: lo que pueden ver, tocar, oír, degustar y oler. Debido a que no entienden aún los conceptos como el futuro o nunca, ellos esperan que su ser querido regrese.

Por otra parte, los niños de entre 6 y 10 años de edad pueden entender que su ser amado no regresará. Ellos tienen la tendencia a comparar sus circunstancias, así que su pérdida puede sentirse, especialmente cuando se comparan con otros niños que aún tienen a sus seres queridos con vida. En esta etapa es cuando los niños comienzan a desarrollar interés por los procesos biológicos. Por eso tienen un interés especial por saber los detalles naturales de cómo murió su ser querido y qué le sucede a su cuerpo después. Es crucial que ellos reciban respuestas a sus preguntas al mismo nivel que las inquieren, y no más. Las actividades creativas son un excelente método para ayudar a que estos niños expresen sus sentimientos para lidiar mejor con su proceso.

Los preadolescentes de 11 a 13 años ya están atravesando un tiempo propio de turbulentos cambios y la presión de mayores expectativas. Añadir la muerte de alguien cercano incrementa sus sentidos de inseguridad y vulnerabilidad. Podrían afectarse sus calificaciones en el colegio, ya que el luto es conocido por afectar el pensamiento y el aprendizaje. También, al encontrarse desarrollando su pensamiento abstracto, podrían considerar las implicancias espirituales de la vida y la muerte, y hasta se podrían cuestionar a sí mismos lo que creen. Es importante ser abierto en la comunicación y discutir con ellos estos temas.

Finalmente, los adolescentes de 14 a 18 años de edad ya están creciendo en su independencia y podrían sentirse inclinados a ocultar sus sentimientos, como para mostrar control de sí mismos y de su ambiente. Generalmente prefieren hablar con contemporáneos antes que con adultos, y también son más propensos a entrar en comportamientos de alto riesgo.

Para beneficio de todos, es importante saber que un niño debe ser ayudado a tener una experiencia que le guie a cerrar ese doloroso capítulo de su vida y seguir adelante. La negación a largo plazo de la muerte o la evasión de un proceso saludable de duelo, puede ser un gran detrimento a sus emociones que los llevarán a que se desarrollen problemas mayores y más severos en el futuro.

Con respecto a los funerales, la *American Academy of Child & Adolescent Psychiatry* [Academia Americana de Psiquiatría para Niños y Adolescentes] dice: *"Un niño que tiene miedo de asistir a un funeral no debe ser obligado a hacerlo; sin embargo, puede ser de mucha ayuda honrar o recordar a la persona de alguna manera, como encender una vela, decir una oración, hacer un álbum de recortes, revisar fotos o decir una historia. Se le debe permitir a los niños expresar sus sentimientos acerca de su pérdida y su duelo, a su manera".*[10]

## ¿Qué podemos decir para apoyar a alguien que está de duelo?

Las palabras nos pueden edificar o derrumbar. O como mejor lo dice Proverbios 18:21 (RVR60): *"La muerte y la vida están en poder de la lengua, y el que la ama comerá de sus frutos".* Hay palabras que pueden ayudar o lastimar cuando se atraviesa la pérdida de un ser amado. Verdaderamente, no hay tal cosa como la palabra perfecta que consuele plenamente a alguien que ha perdido a un ser importante. A menudo nuestra presencia silenciosa es mejor que cualquier palabra de ánimo que puedas decir. Por lo general, una persona que está sufriendo una gran pérdida solo necesita a alguien que sepa escuchar.[11]

Si va a decir algo, asegúrese de iniciar la conversación con una frase no concluyente que refleje cuán apenado está por su pérdida. Si el momento es apropiado y la persona enlutada continúa la conversación,

> Por lo general, una persona que está sufriendo una gran pérdida solo necesita a alguien que sepa escuchar.

hay que asegurarse de ayudarlo a enfocarse en los buenos recuerdos de su ser querido, permitiéndole expresar sus sentimientos sin abrumarlo con opiniones o perspectivas propias.

Algunos ejemplos de cosas buenas para decir son:

+ *Cuánto siento que tu ser amado falleció.*
+ *¿Te gustaría hablar de eso?*
+ *¿Cómo era él/ella?*
+ *¿Cuán difícil ha sido para ti?*
+ *¿Hay algo que pueda hacer para ayudar?*
+ *Si quieres hablar, estoy aquí para escuchar. Si no quieres hablar, podemos pasar tiempo juntos.*

A continuación hay algunos ejemplos de cosas que *no* son buenas decirle a una persona que está atravesando una pérdida, seguido de una breve explicación del porqué:

✦ *Ya sé cómo te sientes.*

(Es imposible que alguien sepa exactamente cómo se siente otro, excepto Dios)

✦ *No llores. / Sacúdete y sigue adelante. / Ya se te pasará. / Ya no pienses en eso.*

(Palabras como estas crean una presión para avanzar a través de su dolor. Podría impedirles que procesen su pérdida apropiadamente.)

✦ *Todo va a estar bien.*

(En ese momento no todo está bien. Más aún, el enlutado siente que todo está mal. No se siente fuerte, sino vulnerable y dolorido. Y eso está bien. No hay porque sacarlo de ahí antes de tiempo.)

✦ *Estás mejor sin él/ella. / Deberías sentirte…(orgulloso, aliviado, feliz, triste, etc.)*

(Nunca digas a nadie cómo debe sentirse. Dios nunca se impone sobre nuestro corazón ni fuerza nuestros sentimientos. De igual manera, nosotros tampoco debemos forzar nuestras opiniones sobre otros.)

✦ *Las lágrimas no lo traerán de vuelta.*

(Aunque esto es cierto, las lágrimas sí ayudarán a sanar. No deben ser suprimidas cuando son necesarias. Como una herida física se sana al supurar, así también se sana el alma mediante el duelo.

✦ *Si tan sólo hubieras _____, tal vez esto no hubiera pasado.*

(Estas palabras ubican a la persona en una posición de fracaso, ya que no podemos regresar en el tiempo y deshacer lo que ya está hecho. Por esto, no nos corresponde añadir culpa a una persona que ya está sufriendo.)

✦ *Es tu culpa.*

(Estas tres palabras juntas son una llave que abre una puerta espiritual a la condenación. Más aún, esto puede resultar también en la pérdida de la persona enlutada. Debemos seguir el ejemplo escrito en el libro a los Romanos 8:1 (RVC): "Por tanto, no hay *ninguna condenación* para los que están unidos a

Cristo Jesús, los que no andan conforme a la carne, sino conforme al Espíritu" (énfasis añadido).

Nuestras palabras cargan peso. La Biblia tiene algunas cosas que decir acerca de ser rápidos al hablar cuando dice: *"Las personas sabias atesoran el conocimiento, pero el hablar por hablar del necio invita al desastre"* (Proverbios 10:14, NTV). Más adelante en el verso 19 del mismo capítulo, Salomón es aún más directo (RVR60): *"En las muchas palabras no falta pecado; mas el que refrena sus labios es prudente"*. O más claro aún en la versión Nueva Traducción Viviente que dice: *"Hablar demasiado conduce al pecado.* **Sé prudente y mantén la boca cerrada"** (énfasis añadido). Aún más, es bíblico que seamos dispuestos a ayudar a otros a llevar su carga, como lo dice Gálatas 6:2 (NTV): *"Ayúdense a llevar los unos las cargas de los otros, y obedezcan de esa manera la ley de Cristo"*. Según la Biblia, la mejor manera de ayudar a las personas que están atravesando el duelo, tanto a niños como a adultos, es estar ahí para ellos y disponible para ayudarlos a cargar su pesar. Deben hacerlo con paciencia y en silencio, a menos que le sea pedido lo contrario.

> Como una herida física se sana al supurar, así también se sana el alma mediante el duelo.

## Proceso saludable del duelo

Tal vez te estés preguntando, ¿cómo puedo sanar este dolor del luto de una forma saludable? Pues, el primer paso hacia la sanidad es reconocer que ciertamente estás dolido y deseas sanar. Una gran ayuda para esto es conocer las distintas fases del luto, e identificar dónde te encuentras. Hay cuatro etapas en el proceso de luto: *shock*, realidad, reacción y recuperación. A continuación encontrarás una descripción de cada una de estas fases, derivado de una publicación hecha por la cadena CBN.[12]

## Las cuatro etapas del luto (o duelo):

+ *Shock* (o Estupor) – Esta etapa usualmente ocurre en los días y semanas inmediatamente después de una pérdida significativa y quebrantadora. Los sentimientos comunes asociados con esta fase incluyen un sentido de adormecimiento

emocional y falsa realidad, como si estuviera en una pesadilla
de la que no puede despertar.

+ **Realidad** – Esta etapa comienza cuando el hecho de haber
perdido algo o a alguien importante se hace real para la
persona que ha tenido la pérdida, arraigándose en su mente y
sus emociones. Llega con la aceptación de que "esto realmente
sucedió". Esta fase se caracteriza por el asentamiento de una
pena y tristeza profunda acompañada de llanto, gemidos y
otras formas de descarga emocional. A menudo en esta fase
puede surgir la soledad y la depresión.

+ **Reacción** – La ira es muy común durante esta etapa. Es
frecuentemente atraída por sentidos de abandono e impotencia
ante la situación. Podrá estar dirigida hacia la familia, los
amigos, los doctores o la persona que se fue o falleció, incluso
hacia Dios. Otros sentimientos típicos incluyen el letargo, la
lentitud, la apatía y la culpa ante la percepción de fracasos o
asuntos personales no resueltos.

+ **Recuperación** – Finalmente se regresa a la normalidad, pero
de manera gradual y casi imperceptible. Este es el tiempo en
donde se ajusta a las nuevas circunstancias de la vida sin la
persona o cosa que se ha perdido. La recuperación es una de las
partes más difíciles para una persona que ha experimentado
una perdida mayor, especialmente aquellos que han perdido
a alguien muy importante y cercano. Ajustarse al nuevo
ambiente sin su ser querido es especialmente difícil. Esta es a
menudo una fase larga, y es manejada mejor cuando se busca
a Dios y le permitimos que nos muestre su dirección en su
tiempo perfecto.

En cuanto a la recuperación, aquí hay una recomendación de tres pasos
a seguir para salir adelante más rápidamente:

+ *Duela* – El luto es amargo y lleno de pena y tristeza. Sin
embargo, para poder sanar apropiadamente es necesario
dejar que corra su curso natural. La Palabra describe a
Jesús como *"Varón de dolores, experimentado en quebranto"*

(Isaías 53:3b, rv60). Negar o reprimir el dolor puede causar problemas emocionales, algunos de los que hemos mencionado anteriormente.

+ **Crea** – La mejor manera de ser confortado en nuestro periodo de recuperación es recordando y confiando en las promesas de Dios, poniendo nuestra fe en nuestro Padre celestial y creyendo que Él sabe lo mejor para nosotros, y su razonamiento es perfecto. El texto de Isaías 55:9 dice: *"Así como los cielos son más altos que la tierra, también mis caminos y mis pensamientos son más altos que los caminos y pensamientos de ustedes"* (rvc). Más aún, Jeremías 29:11 nos asegura: *"Pues yo sé los planes que tengo para ustedes —dice el Señor—. Son planes para lo bueno y no para lo malo, para darles un futuro y una esperanza"* (ntv). Aunque no podamos verlo de inmediato, nunca debemos dejar de confiar en lo que Dios está haciendo.

+ **Reciba** – Dios ama a sus hijos. Él ama darnos la mejor y más abundante vida. Eso incluye darnos consuelo y reconfortarnos cuando estamos sufriendo. Cuando se trata de regalos físicos, si no abres y extiendes tus manos para recibirlo, no será tuyo. De igual manera con el consuelo. Es un regalo dado por el Espíritu Santo, nuestro Consolador. Nosotros debemos extendernos y aceptarlo para poder recibirlo. La mejor manera de hacer esto es a través de la oración y la meditación en su Palabra, encontrar un lugar en la presencia de Dios, y permitir que Él envuelva sus brazos alrededor nuestro como un padre amoroso que consuela a un hijo que está en dolor.

No hay un tiempo preciso o establecido para el proceso del luto. Así como cuando ocurre un proceso de sanidad física, cada persona es diferente y varía en el tiempo que se toma para pasar su período de sanidad del alma. Nunca debemos asumir que podemos acelerar nuestro paso a través de estas distintas fases. Más bien debemos depender y aferrarnos al Espíritu Santo como Consolador perfecto para guiarnos en cada paso.

## Ora a través de tu dolor, tus pérdidas y tu duelo

Es muy probable que hayas experimentado alguna forma de dolor por una pérdida en tu vida. Si no, puedo garantizarte que en algún punto de tu vida pasarás por eso. Si has estado tratando de vencer el dolor que viene con el luto, te invito a que hagas esta oración:

*Amado Espíritu Santo, mi Consolador:*
*Me acerco a ti y pido ayuda en este tiempo de dolor. Estoy tan dolido y en ocasiones siento que el dolor me abruma. Sé mi fuerza y mi guía a través de este proceso. Ayúdame a sentir tu mano sosteniéndome y abrazándome mientras lloro mis pérdidas. Ayúdame a permanecer conectado a ti y enfocado en tu Palabra y no mi dolor. Ayúdame a aceptar las cosas que no puedo cambiar, y ser fortalecido en mi alma y espíritu para sanar apropiadamente. Hoy acepto y reconozco tu soberanía, me rindo ante tu voluntad y elijo seguir tu tiempo y no el mío. Abrazo la verdad de que Tú estás aquí conmigo y nunca me dejarás ni me abandonarás. Confío en ti. Tu mano de amor me sanará y me harás completo otra vez. Gracias por eso, Señor.*
*En el nombre de Jesús oro y creo. Amén.*

## Escrituras para sostenerte en medio del duelo:

*"El Señor está cerca de los que tienen quebrantado el corazón; él rescata a los de espíritu destrozado".*
—Salmo 34:18 (NTV)

*"Toda la alabanza sea para Dios, el Padre de nuestro Señor*
      *Jesucristo.*
*Dios es nuestro Padre misericordioso y la fuente de todo consuelo.*
*Él nos consuela en todas nuestras dificultades*
      *para que nosotros podamos consolar a otros.*
*Cuando otros pasen por dificultades, podremos ofrecerles*
      *el mismo consuelo que Dios nos ha dado a nosotros".*
—2 Corintios 1:3–4 (NTV)

## Capítulo 3

# ❧ RECHAZO ❧

*"No es hasta que el trabajo en mano falla y somos despreciados y rechazados*
*que [verdaderamente] comenzamos a discernir la intención de nuestro corazón".*

—WATCHMAN NEE (1903–1972)
Autor chino, líder eclesiástico perseguido[13]

EL TIEMPO PASÓ y mis ojos parecían estar secándose. Mi mamá conoció a alguien y se había vuelto a enamorar. Él era puertorriqueño. El dolor, que parecía ya haberse calmado, comenzó a regresar el día en que ella nos dijo que se iba a casar de nuevo. Ese aguijón ardiente me punzó el corazón. "¿Acaso eso significaba que tendría que llamarle…"papá"?", pensé. Yo no estaba lista para recibir a alguien nuevo en mi vida. Todavía deseaba a mi Papito de vuelta, aunque sabía que eso sería absolutamente imposible. Pero, ¿quién era yo para decirle a una mujer adulta qué hacer, y más aún a mi mamá?

Poco tiempo después de darnos la noticia, se casaron. Luego tuvieron a mi hermanito. Él, sin duda, era el deseo de cualquier hermana mayor. El embarazo y nacimiento de mi hermano trajo consigo una esperanza por la cual había estado luchando por hallar. Hasta tuve sueños con él aun antes de que naciera. Vi su cabello rubio oscuro y sus ojos castaños grandes antes de que estuvieran plenamente formados. Cuando por fin llegó, recuerdo haber fijado mi mirada sobre él pensando: "Es tan bello…y tan mío".

Durante esas primeras semanas después de su nacimiento, mi hermana y yo inundamos a mi pequeño hermanito con amor todos los días. Instintivamente lo protegíamos como lo haría cualquier hermana mayor. Cada vez que lloraba corríamos deseosas de cubrir sus necesidades de bebé. Sin embargo, al pasar los días algo en mi interior comenzó a subir a la superficie. Algo que parecía haber estado dormido con toda la emoción de la llegada de un nuevo bebé. Este niñito era todo lo que yo había deseado en un nuevo hermanito. Pero su llegada comenzó lentamente a tornarse dolorosa para mí. Pronto comencé a recordar que mi Papi ya no estaba ahí. Mi adolorido corazón añoraba su abrazo y que él fuera parte también de la emoción de que yo estaba viviendo. Mi pena y dolor volvieron a despertar, eclipsando cada sonrisa con labios temblorosos.

Muy pronto comencé a sentir la realidad del torbellino por el que pasan los padres ante la llegada de un nuevo bebé. Sentí los efectos del gran ajuste, la falta de sueño, los estados de ánimo, y el despiste que viene cuando un nuevo padre debe enfocarse en su recién nacido. Me lastimaba sentirme olvidada, porque ahora la atención de todos estaba sobre este nuevo y pequeño rey de corazones. Aún afectada por la pérdida de mi padre, muchas veces, cuando miraba a mi precioso hermanito, mi mente cambiaba de alegría a tristeza. Su nacimiento ya representaba más que el sueño de una hermana; en mi pensar también significaba que mi papá podía ser olvidado para siempre. De alguna manera pensé que la llegada de ese pequeñín había anulado completamente a mi papá del corazón de mi mamá.

> Mi pena y dolor volvieron a despertar, eclipsando cada sonrisa con labios temblorosos.

Ya había perdido a mi Papito, pero perder de vista su memoria se me hacía aterrador. Era como perderlo de nuevo. Hacía muchos esfuerzos por mantenerlo vivo en mi mente, entonces entró en mí una profunda desesperación. Así como alguien que se está ahogando se desespera por el aire, yo desesperaba por cada recuerdo en un intento desgarrador por no olvidarlo. Unía pensamientos tratando de recordar el sonido profundo de su voz, la calidez de sus brazos tatuados, la manera en que la brisa soplaba su cabello elevándolo y dejándolo suavemente caer en su lugar, la manera que miraba sobre su hombro cuando manejaba el auto sólo para lanzarme una guiñada, y la grandiosa vista que yo tenía desde esos mismos hombros cada vez que me cargaba. Mantenerlo latiendo en mi pecho se convirtió en una misión, porque sentía que todos los demás se estaban olvidando. En realidad, también este era un intento de salvarme a mí misma. Porque, si él ya no era un pensamiento importante en la mente de los demás, entonces yo tampoco lo sería. Después de todo, yo *soy* mitad él.

Yo necesitaba luchar contra la impotencia de sentir que podría desvanecerme junto con los recuerdos de mi papá. Así que comencé a alejarme de lo que yo consideraba como distracciones que podrían hacerme fallar en cumplir esta nueva misión. Una de estas era mi hermanito. Pronto, después de su nacimiento, vino otro golpe a mi corazón, quebrándolo y dejándolo casi sin latido. Mi mamá y mi padrastro trasladaron a toda la familia a una nueva tierra: la isla de Puerto Rico. Era un viaje de algunas horas en avión hacia el centro del Caribe. Cierto, mi corazón se derretía con anticipación al escuchar los cuentos de mi padrastro acerca de un verano perpetuo, jugando en los montes cuyas frutas se podían arrancar de sus árboles y comer al instante. Un lugar rodeado de hermosas playas, y con toda la deliciosa comida y cultura festiva que yo tanto disfrutaba. Pero, también esto significaba que nos iríamos a vivir lejos de todo y todos los que conocía y tanto amaba. Aún en esta disyuntiva, al acercarse los días de la mudanza, mi intriga se volvió emocionante.

Cuando el día de partir finalmente llegó, eché un último vistazo a ese pequeñito apartamento en la gran ciudad donde nací, ya vacío por la compañía de mudanza. Casi podía verlo tal como era antes de que papá enfermara. Casi podía escuchar las cuerdas de su guitarra destartalada en la otra habitación. Casi podía oler su famosa berenjena a la parmesana acompañada de su voz y acento neoyorquino-italiano. Enfrentada con la dura verdad de que él ya no estaba y que yo era muy pequeña para resistir irme de allí, arrastré mi alma herida por la puerta. Desesperanzada, no tenía otra opción sino dejar que el dolor me traspasara. La pérdida me golpeó otra vez y abrió de nuevo aquellas heridas que el tiempo parecían haber comenzado a sanar.

———◆———

Llegamos a Puerto Rico. A pocos días de estar viviendo allí me ingresaron en la escuela a toda prisa, ya que había comenzado el año escolar. Yo amaba la escuela en Nueva York. Había tanto para aprender y tantos niños de etnias mezcladas como yo, que entendían cuando hablaba de mi padre anglosajón y mi madre latina. En cambio, en Puerto Rico me sorprendió descubrir que yo era la única en mi clase con una herencia tan mezclada. Inmediatamente fui señalada como *la gringa*, ya que mi español no era el más perfecto, y mi cabello rubio, la piel blanca, y mis ojos verdes, me delataban. Luchaba con un gran choque cultural y con ponerme al día con los materiales del colegio al que nunca había sido expuesta antes. Pero sobre todo, fue en ese tiempo que comenzó mi lucha con la falta de aceptación y el rechazo. Sentía que no había lugar para mí, por más fuertemente que intentara hallarlo.

Siempre he sido una buena y rápida aprendiz. Así que en el transcurso del tiempo comencé a ubicarme y a entrar en el nuevo ritmo de mi vida. Algunos niños de mi nueva familia iban a la misma escuela que yo, así que pasábamos bastante tiempo juntos. Como todo niño, ellos tenían la tendencia de sacar a relucir sus precepciones acerca de quién realmente era yo, y lo hacían cada vez que se presentaba la oportunidad. Las reuniones familiares eran frecuentes. Nuestra nueva familia y la familia extendida, siempre se juntaba para celebrar alguna festividad, como toda buena familia puertorriqueña, estábamos juntos cada Navidad y año nuevo, y éramos fieles asistentes a cada boda, quinceañeros o cumpleaños.

Aunque había aprendido a disfrutar de estas reuniones familiares, había momentos que las detestaba. Cada vez que me presentaban a un nuevo familiar, sucedía la típica introducción por parte de otro familiar conocido. Cuando estábamos entre niños, mis primitas se hacían cargo de esta gentil responsabilidad. La presentación era algo como: "Ella es Christine, mi nueva primita… Pero no es mi prima *verdadera*". Usualmente esto iba seguido de la contraparte preguntando: "¿Cómo que no es tu prima verdadera? ¿Por qué?". Sólo para ser respondido con: "Bueno, pues mi tío es esposo de su mamá, pero no es su papá. Su papá murió… porque bebía mucho", y así sucesivamente.

Claro, hoy en día sé que estas conversaciones entre niños eran inocentes y probablemente bien intencionadas, pero en el momento calaron profundo en mi corazón, exasperando un dolor interno que luchaba por apaciguar. Este era un fiel recordatorio, aun cuando ya estaba por olvidar, de cuánto dolor tenía por dentro. No importaba qué hacía, continuaba regresando al momento de mi pérdida. Sentía que estaba siendo arrastrada por un torbellino de pena y tristeza que no me soltaba. La repetición de presentaciones como esta pronto se volvieron parte de mí, y comencé a creer que esto era yo: "Christine, la niña huérfana de un padre alcohólico, quien realmente no pertenecía a ese lugar".

El rechazo también se hizo algo común de todos los días. Mientras crecía y comenzaba mis años de preadolescencia, pasé por lo que llamo la etapa del "patito feo". Mi cabello en su estado natural, aunque rubio, es donde cargo mi herencia afrocaribeña expresada en rizos que se empeñaban en mantenerse crespos, y más ante el caliente y húmedo aire tropical caribeño. Mi piel, muy clara y delicada, se ponía roja camarón cuando pasaba tiempo en el sol, algo inevitable en esta bella isla del encanto. Mi estructura corporal delgada y alargada, muy genéticamente nórdica por mi ascendencia alemana-irlandesa, me daba la apariencia de una figurita de palo que se la pasaba corriendo como celaje de flacura. Y mis dientes... oh, mis dientes, estaban deformados. Como le dijo un día nuestro dentista a mi mamá, que yo simplemente tenía, "demasiados dientes para una boca tan pequeña". Esto hacía imposible que juntara mis labios como una persona normal. Cada vez que intentaba esconder la atroz malformación dental que tenía, parecía estar haciendo muecas, más lo que sentía por dentro, estaba muy lejos de ser gracioso.

Al atravesar esa etapa de patito feo, fue inevitable que muchos compañeros de la escuela se dieran cuenta de los cambios. Poco después tuve que enfrentarme al abuso verbal del "bullying" u hostigamiento. Algunos niños me avasallaban tanto física como emocionalmente. Me llamaban con tantos malos nombres hiperbólicos como se les ocurría, y era acosada por mi físico. No era extraño escuchar nombres como "la garza", por mis piernitas flacas; "comején", por la similitud de mi cabello con el nido de estas termitas de árbol; "jirafa" por mi cuello alargado; y las más popular que me seguiría por años, "la coneja", por mis protuberantes dientes, entre tantos otros. En una ocasión, inadvertidamente vino un niño corriendo solo para gritarme "fea" en la cara y salir corriendo hacia donde estaban sus risueños cómplices.

Ya no podía con tanta humillación no provocada. Era como si estuvieran metiendo sus dedos sucios dentro de mis heridas abiertas. Sin embargo, tragaba todo y lo mantenía guardado por dentro. Sentía que realmente no podía hablar con nadie, que realmente no me entenderían. Mi Papito sí me hubiera entendido; siempre lo hacía. Pero dolorosamente, él ya no estaba. Tratar de hablar de corazón a corazón con mi padrastro era algo que rehusaba. A pesar de todos los actos de bondad que hacía para tratar de ganarse mi cariño, aún no lo aceptaba del todo. Veía en él a la persona que vino a usurpar el lugar de mi Papito. Mi mamá usualmente estaba de prisa, de casa al trabajo y del trabajo a casa para cocinar, atender al bebé, limpiar y prepararnos para el siguiente día de colegio, y a veces para ir a la iglesia, como hacíamos varias noches a la semana. Realmente no quería molestarla o añadirle otra cosa a su plato que evidentemente estaba lleno. Mi hermana no me entendería, al menos eso pensaba. Ella se mezclaba perfectamente con los demás ya que tenían su mismo cabello, sus ojos oscuros y su color latino. Además, yo era la hermana mayor. En mi forma de pensar, yo debía cuidarla a ella, y no viceversa.

Sentía que no tenía a nadie. Con mi autoestima despedazada y arrastrada a lo más bajo, me volví una solitaria. Con esta imagen personal, me enfoqué en la música. A una temprana edad descubrí mi amor por cantar y tocar instrumentos. Escuchaba música cada instante posible. Era normal que me perdiera en una canción, y muy común escuchar a mi mamá a lo lejos gritando: "¡Bájalo!", porque se me había ido la mano con el volumen.

Desde pequeña cantaba y hacía presentaciones musicales en la iglesia. La primera vez que me entregaron un micrófono y me escuché en el altavoz, sentí una corriente en mis venas que nunca antes había sentido. Desde ahí, cantar se volvió mi pasión. La música se hizo mi amiga. Ella nunca me juzgaría, nunca me llamaría con nombres malos, y nunca me rechazaría. De hecho, había muchas canciones que ponían palabras y melodías a lo que estaba sintiendo en mi corazón, como si las hubiese escrito yo misma.

Me sumergí profundamente en esta nueva pasión musical y dejé que me atrajera a la dirección que quería. Era mi zona de seguridad, sentada o acostada en mi habitación frente a mi pequeña radio, rodeada de muchos casetes, ya que aún no existían los discos compactos (CD). Allí sentía que podía escapar, ir corriendo en mi mente a un lugar donde la pérdida y el rechazo no existían. Era libre cuando me sumergía en una canción. Aun cuando otros me miraban, yo era libre de su escrutinio mientras fluían las melodías. En este tiempo comencé a cultivar mis talentos musicales. Me aseguraría de que sería aceptada, aunque no fuera por ninguna otra cosa, sino por mis talentos musicales. Pero si no, me conformaba con que la música en sí me aceptara, y realmente lo hacía.

———— ◆ ————

## Del rechazo al reinicio

Conozco el rechazo. Fue una constante por muchos años durante mi niñez y adolescencia. En esos años aprendí cómo se sentía, cuánto dolía y cómo usar mecanismos de defensa para lidiar con él. Ciertamente, el rechazo no es un compañero fácil de soportar. Su constante agobio hostigaba cada pensamiento invadiéndome con sentimientos de falta de pertenencia, desagrado, y de no aceptación. A veces digo graciosamente que fácilmente podría ser considerada como una experta en asuntos de rechazo. Aun así, en esos años donde el rechazo era más fuerte en mi vida, no tenía ni idea de cómo sanarlo. Ni siquiera lo creía posible. Me consideraba permanentemente marcada como la rechazada y no deseada.

Después que conocí a Dios, en un milagroso encuentro que detallo más adelante, en mi travesía de restauración descubrí que el rechazo era un tema muy importante en mi vida que debía sanar. Tuve que ir del rechazo al reinicio, y comenzar de nuevo, con un borrón y cuenta nueva, aceptando la verdad de Dios en mi vida. Mucho de lo que he aprendido acerca de sanar el rechazo fue el resultado de escuchar las enseñanzas de mi pastor Robert Morris (Gateway Church) acerca del tema. La mayoría de las verdades incluidas entre las próximas líneas son el resultado de lo que Dios le ha enseñado a él, y a su vez él nos lo ha pasado a nosotros, la congregación.

## Conociendo las raíces del rechazo

El pastor Robert Morris una vez dijo algo en un sermón acerca del rechazo que me estremeció: "Cuando nos sentimos rechazados es como si algo en nosotros anduviera mal. La razón es esta: Sí, hay algo mal en nosotros. Se llama *naturaleza de pecado*". Confrontada con este hecho espiritual, finalmente entendí por qué tanta gente sufre de temas relacionados con el rechazo. Es porque nacemos en un estado de rechazo y separación de Dios por la naturaleza de pecado en la cual vinimos a este mundo. Con razón deseamos tanto la aceptación. Esa necesidad de aceptación realmente viene del anhelo de nuestro espíritu de traspasar la barrera del pecado hacia la aceptación de un Dios y Padre santo.

La Escritura es específica al declarar que nuestro pecado es la causa de sentirnos rechazados y separados de Dios. En 1 Samuel 15:23 (NTV) dice: "*La rebelión es tan pecaminosa como la hechicería, y la terquedad, tan mala como rendir culto a ídolos. Así que, por cuanto has* **rechazado** *el mandato del Señor, él te ha* **rechazado** *como rey*". También en Oseas 4:6 (nvi) Dios afirma: "*pues por falta de conocimiento [de Mi ley, donde revelo Mi voluntad] mi pueblo ha sido destruido. Puesto que* **rechazaste** *el conocimiento, yo también* **te rechazo** *como mi sacerdote. Ya que te olvidaste de la ley de tu Dios, yo también me olvidaré de tus hijos*" (énfasis y corchetes añadidos). Claramente, el rechazo de Dios viene como efecto directo del rechazo de la humanidad hacia Dios, su Palabra, y su voluntad. Adicionalmente, Dios no se puede mezclar con pecado. Él se separa automáticamente debido a su perfecta santidad y pureza (Habacuc 1:13). Aun Jesús mismo experimentó el rechazo y separación de Dios al llevar todos nuestros pecados en la cruz (Mateo 27:34).

La única cura para las heridas del rechazo es sentirse aceptado por Dios. La buena noticia es que Dios *desea* aceptarnos y restaurar esa separación que tenemos con Él. Es por esta razón que envió a su Hijo a dar su vida en la cruz por nosotros. Cristo se hizo pecado y llevó consigo el rechazo para que pudiéramos ser aceptados nuevamente en Dios por medio de nuestra aceptación del sacrificio que Jesucristo hizo por nosotros. ¡Aleluya! Cuando recibimos a Dios mediante la aceptación del sacrificio y de la sangre de Jesucristo, el único camino hacia el Padre (Juan 14:6), automáticamente nos convertimos en aceptados por Dios.

### Rindiendo tu rechazo

Es muy importante saber que aceptar a Cristo como Salvador es lo que nos hace aceptados por Dios, pero sólo esto no bastará para sanar nuestras heridas del rechazo. Hay más que debemos hacer. Debe haber una rendición y un reconocimiento consciente de que necesitamos de Él. He aprendido que esa es la parte compleja.

Las personas que sufren de rechazo desarrollan una serie de mecanismos de defensa para poder lidiar con los complejos que desarrollan. Muchos se vuelven manipuladores para redirigir la atención de los demás, a menudo de manera negativa, para mantener el enfoque en las fallas y faltas de otros antes que en las suyas. Otros se esconden detrás de una fachada de falsa seguridad en sí mismos. Muy a menudo quienes parecen ser los más seguros de sí mismos tienen serios problemas de rechazo.

Una clara señal de esa falsa confianza en sí mismo por causa del rechazo, es la necesidad de alardear o presumir mucho por lo que tienen, hacen o logran. Esto es nada más que la muestra de su necesidad de alimentarse de la validación de otros, y así distanciarse del rechazo.

La gran mayoría de las personas con rechazo desarrollan un fuerte sentido del orgullo, que muchas veces se torna en un delirio de superioridad. Este fuerte orgullo actúa como una pared que aísla cosas o personas que representen la posibilidad del rechazo es sus vidas. Es este mismo orgullo que los impulsa a descargarse insolentemente contra otros usando sus palabras y acciones hirientes y degradantes. Como dice el pastor Robert Morris: "La persona herida, hiere a personas. La persona ofendida, ofende a personas", y así sucesivamente. Esto genera un ciclo que se hace cada vez más fuerte, paralizando relaciones y empujando para sacar personas de su vida.

Lo que sucede con el rechazo es que fortalece el orgullo, esta característica que en un principio provocó la caída del hombre al pecado y la separación de Dios. Y esto es a lo que quiero llegar. Somos salvos por gracia, por un favor inmerecido. Nosotros no podemos ganarnos la gracia, porque es gratuita para los que en humildad aceptan al Señor. El orgullo no se mezcla con la gracia, porque nos hace creer que "merecemos" o "nos es debido" lo que queremos o necesitamos. Parafraseando las palabras que el pastor Morris dijo una vez en un sermón: "La única cura para el rechazo es ser aceptado por Dios. La única manera en que serás aceptado por Dios es siendo confrontado con la verdad de que *necesitas* a Dios". Por esta razón, si realmente queremos ser hechos libres de las ataduras del rechazo en nuestra vida, debemos rendir y entregar nuestro orgullo a los pies de la cruz. Cuando nos humillamos y confesamos que necesitamos a Dios y que no somos nada sin Él (Juan 15:5), entonces podemos ser verdaderamente libres del rechazo. Dios sabe todo lo que hemos hecho, aun todo lo que hemos olvidado que hicimos, y todo lo otros nos han hecho. Aun así, Él nos ama. Nos ama tanto que murió por nosotros. Él redimirá y sanará todo lo que rindas ante su cruz; tu vida y todo lo demás también. La rendición es la clave.

---

## Ora sobre tu rechazo

Si eres como yo, no solo has experimentado el rechazo, sino que muy posiblemente has sido terriblemente herido por él. Si al leer este capítulo te has dado cuenta de que necesitas soltar u entregar tu rechazo, te invito a que hagas esta oración:

> *Amado Dios:*
> *Me acerco a tu trono rindiéndome y confesando que te necesito. Yo soy nada sin ti. Veo ahora que he estado enfocándome en el rechazo y sus efectos en mi vida por demasiado tiempo, y hoy elijo fijar mis ojos en ti. Hablo, creo y escojo caminar en la verdad de que soy aceptado por ti a través de la sangre que Jesucristo vertió en la cruz por mí. Rindo mi vida, mi orgullo, y mi pasado, presente y futuro a los pies de la cruz. Yo no soy rechazado, olvidado o no deseado. Soy aceptado, recordado y deseado por ti, el que realmente importa. Por favor sáname de heridas pasadas de rechazo y guíame a nunca volver a ese lugar de rechazo otra vez.*
> *En el nombre de Jesús oro y creo. Amén.*

## Escrituras para sostenerte en medio del rechazo:

> *"¿Qué, pues, diremos a esto?*
> *Si Dios es por nosotros, ¿quién contra nosotros?".*
> —Romanos 8:31 (RV60)

> *"Aunque mi padre y mi madre me dejaran,*
> *Con todo, Jehová me recogerá".*
> —Salmo 27:10 (RV60)

> *"Dios nos escogió en él antes de la creación del mundo, para que seamos santos y sin mancha delante de él. En amor nos predestinó para ser adoptados como hijos suyos por medio de Jesucristo, según el buen propósito de su voluntad, para alabanza de su gloriosa gracia, que nos concedió en su Amado".*
> —Efesios 1:4–6 (NVI)

Capítulo 4

# ∾ TEMOR Y DUDA ∾

*"La preocupación es un ciclo de pensamientos ineficientes dando vueltas alrededor de un centro de temor".*

—CORRIE TEN BOOM (1892–1983)
Comunicadora y conferencista holandesa,
sobreviviente del Holocausto[14]

PASARON VARIOS AÑOS. Ya estaba bien acomodada a la vida en Puerto Rico, aún extrañaba Nueva York, pero me había resignado a permanecer donde estaba. Cada vez que veía un avión sobrevolar mi área, jugaba con mi hermana y le gritábamos: "¡Espérame! ¡Espérame!". En medio del aparentemente tono inocente y bromista de nuestro juego, realmente era cierto para mí. Mi alma gritaba: "¡Espérame! ¡Por favor regrésame a ese lugar!". Ahí era donde quería ir de regreso. Quería volver al lugar donde sentía que pertenecía, rodeada de toda mi familia, juntos, disfrutándonos al pasar las cuatro estaciones cada año. Quería volver a ver a papá otra vez, y todavía me dolía pensar que eso era algo imposible. Fácilmente hubiera entregado mi vida entera en el vasto verde paraíso trópico de eterno verano por regresar las cosas a cómo eran cuando Papito estaba vivo, aunque fuera por un día.

La niñez se sentía cruel cada vez que me miraba en el espejo, mas la adolescencia me trataba con más amabilidad. Luego de pasar tres años con aparatos de ortodoncia para arreglar la debacle de dentadura que sobresalía de mi rostro, la batalla fue ganada y al fin me los quitaron. Pude disfrutar la maravilla de mi nueva sonrisa. Siempre recordaré ese día como uno de los mejores de mi vida. El poder pasar mi lengua sobre la superficie lisa y ahora enderezada de mis dientes fue un sueño hecho realidad. Aún hoy día lo hago de vez en cuando y no puedo evitar sonreír con la misma sensación de alegría como el primer día. Me dije a mí misma: "Finalmente puedo sonreír libremente, sin parecer un fenómeno". Pronto después de que me quitaran los alambres de mi boca, mi querida madre me regaló algunos elementos de belleza como el secador y la plancha para alisar el cabello. ¡Casi podía escuchar un coro de ángeles cantar cuando abrí esa primera caja que contenía mi primer instrumento de belleza! Esto significaba que finalmente podría hacer algo con mi cabello tan encrespado. Yo finalmente podría… sentirme parte.

En muy poco tiempo comencé a dominar mi nueva sonrisa y mi arreglo personal. En tanto, mi cuerpo también comenzó a cambiar, cosa normal cuando se pasa por el desarrollo de la pubertad. Ahora, esa flacucha de enorme cabellera estaba floreciendo en una bella mujer, o al menos eso decían los que me rodeaban, que también notaban los cambios. Ese rechazo que me acompañaba, también comenzó a cambiar. En lugar de que mis características europeas delgadas y alargadas sean objeto de acoso e intimidación, ahora me permitían destacarme entre los demás. Estaba experimentando algo que había deseado toda mi vida: atención. Ya no era la niña rara, sino que ahora muchos de mis compañeros se referían a mí como la "exótica".

Nunca antes supe lo que significaba que alguien gustara de mí. Recibir flores el día de los enamorados en el colegio era algo que les pasaba a las otras chicas, hasta ese momento. Hasta comencé a recibir propuestas y ofertas de parte de agencias de modelaje, algo que yo veía como completamente loco, dado que había sido el patito feo hasta hacía menos de un año. Y no voy a mentir, me encantaba esta nueva fuente de atención. Amaba lo que sentía por dentro cuando pasaba delante de mí un chico guapo y tornaba su mirada hacia donde yo estaba. Esta clase de reacciones era algo imposible de soñar, hasta ese momento.

Ingresaba con gracia a mi feminidad y con rumbo fijo hacia la adultez. Pero, aunque brotaba en mí una nueva esperanza, en medio de todos estos cambios extrañaba terriblemente a mi papá. En especial cuando necesitaba a una figura varonil confiable en mi vida con quien hablar de mis procesos, incluyendo de mi interés por algún chico. A pesar de la rapidez con la que vino esta aparente aceptación de la noche a la mañana, en mi interior yo seguía siendo esa pequeña niña marcada por el dolor, la pérdida, y aún seguía sufriendo su orfandad, me sentía fea y no deseada… hasta ese momento.

Cumplí mis dieciséis años. La corona de mi adolescencia había llegado. La pubertad había hecho su trabajo de metamorfosis, y andaba muy bien en mis zapatos de niña grande. Era muy activa en la iglesia donde me crie y cantaba en cada actividad o evento especial. Fui parte de cada coro y conjunto, y me buscaban cuando necesitaban a alguien que pudiera armonizar o hacer un solo. Mientras más cantaba, mejor me sentía conmigo misma, especialmente cuando los que me escuchaban me colmaban de palabras de afirmación y admiración. Mi seguridad seguía incrementándose y elevándose hasta el cielo. Sentía que finalmente podía conquistar el mundo. Lo único que necesitaba era un micrófono y una pista.

Cada cierto tiempo venían invitados especiales traídos por la iglesia para algún evento o campaña especial. Para uno de esos eventos invitaron a un fogoso predicador, quien antes de comenzar su mensaje presentó a quiénes lo acompañaban, entre ellos, su hijo. Recuerdo mirarlo y quedar deslumbrada por su buen parecer. Pero pronto desperté de ese sueño, ya que yo no estaba acostumbrada a tener esperanzas de gustarle a los chicos guapos, y mucho menos captar su atención. Por dentro seguía siendo la pequeña extraña rechazada, independientemente de cómo habían obrado las hormonas de la adolescencia en mi favor.

Al final de la noche, mi hermana, primas y amigas nos juntamos a compartir en círculo como típicamente hacíamos después del culto. Saludos y abrazos fluían a diestra y a siniestra. Pero, esta vez yo sentía la sensación extraña de que alguien me estaba mirando. Con el rabillo del ojo vi a un joven que caminaba lentamente en dirección a nosotras. Era el hijo del predicador. Su cabello castaño claro y sus grandes ojos azules se hacían más aparentes mientras más se acercaba. Era delgado, alto y atlético. Todas sus cualidades físicas eran iguales a las que yo había enumerado en la página de mi diario que se titulaba "El chico ideal". Ni hablar de que obviamente ¡también era cristiano! Mi mamá siempre me enseñó que la cualidad #1 para elegir a un joven, debía ser que conociera y sirviera al Señor.

Una instantánea catarata de pensamientos me inundó: *"¿Qué? ¿Está caminando hacia acá? Me pregunto si...".* Inmediatamente me detuve y pensé: *"No. Seguramente camina hacia acá para conocer a mi hermana o a mis primas, hasta a cualquiera de mis amigas, pero no a mí. Ciertamente, no a mí".* Por cierto, mi hermana es bellísima. Tiene un cabello oscuro y sedoso, ojos negros penetrantes, piel hermosa color dulce de leche, y una sonrisa que desde siempre deslumbra a cada persona a quien se la brinda. Definitivamente sería a ella a quien él vendría a saludar, pensé. O tal vez el objeto de su enfoque sería cualquiera de mis primas, que eran muy hermosas con sus pieles tocadas por el sol, sus curvas y sus largas cabelleras. Yo todavía me estaba familiarizando con ya no ser la más fea del grupo. Aunque seguía siendo la más diferente con mi cabellera clara y mis grandes ojos verdes, y usualmente la más alta entre las demás.

Mientras el hijo del predicador, a quien llamaremos Romeo, caminaba hacia nosotros, todos estos monólogos silentes corrían por mi mente. Cuando finalmente llegó a donde nos encontrábamos, me miró fijamente y dijo: "¡Hola!". Me quedé estupefacta. Sentía que mi rostro se enrojecía mientras miraba de lado a lado, y me di cuenta que sí, era a mí a quien le hablaba. "Me llamo Romeo. Y tú, ¿cómo te llamas?", dijo. Mi respuesta fue la típica ante esta básica pregunta: "Hola, soy Christine". En seguida nos envolvimos en una conversación. Él dijo que me había visto desde el otro lado de la iglesia y necesitaba venir a conocerme. Al rato, después de reírnos y descubrir que teníamos algunas cosas en común, me pidió mi número telefónico. Y yo por supuesto se lo di. Había un brillito en mis ojos, un revoloteo en mi estómago, y una chispa de ilusión en mi corazón. Por primera vez había conocido a un chico que se parecía mucho al hombre de mis sueños, ¡y yo le gustaba!

En los días siguientes esperé pacientemente su llamada. Los días se hicieron semanas, los cuales se hicieron meses y no hubo llamada por parte de Romeo. La duda se asomó nuevamente. Me dije a mí misma: *"Por supuesto que ese chico no se iba a interesar en mí. ¿Yo? ¡Por favor! ¿Quién creo que soy? Yo no soy la chica de la que los muchachos se enamoran. Sólo soy una pobre soñadora. ¡Qué pensamiento tan tonto!".*

Varios meses después se realizó otra campaña especial en mi iglesia. El papá de Romeo fue invitado nuevamente a predicar. Y nuevamente vino su fiel acompañante. Tan pronto como se dijo el último "amén" de la noche, vino a mí rápidamente, como perro con el rabo entre las patas. Pensé: *"Sí claro. Vamos a ver cuál es la excusa barata que este trae".* Enseguida explicó que no había dejado de pensar en mí. "Sí, *ajá*", pensé mientras me aguantaba la tentación de reírme en voz alta. Siguió diciéndome que la razón por la que no me llamó fue porque perdió el papelito donde había escrito mi número, ya que por equivocación había lavado la prenda donde lo había guardado y olvidó sacarlo antes. Su encanto al contarlo lo hizo todo muy convincente. Hasta me hizo reír contándome todos los detalles. Así que cuando volvió a pedirme el número, mi corazón derretido impulsó a que mis manos se lo dieran escrito otra vez en un papelito. Mas esta vez, sí me llamó. Luego de esa primera llamada vinieron otras hasta que nuestras conversaciones eran por horas todos los días. Llegamos a conocer bastante nuestros corazones, e inevitablemente nos enamoramos.

Romeo me pidió que fuera su novia. Y yo rápidamente le dije que sí. Estaba perdidamente enamorada. Con toda verdad digo que tan fuertemente como estaba enamorada de él, también estaba muy atemorizada. Había decidido en mi corazón que no quería que me hirieran otra vez. Temía que algún día pudiera dejarme o lastimarme, como tantas otras personas a lo largo de mi vida. Tenía temor de que no fuera lo suficiente para él. Por este temor me determiné a hacer todo en mí para evitar los objetos de mi temor. Yo sería la mejor novia del mundo. Así que, me dediqué a ser todo lo que él quería, y más.

Pronto cedí todo lo que pude para que se sintiera feliz, evitar incomodidades, y asegurarme de que siempre estuviera contento conmigo. Sus opiniones, sus gustos, y sus agrados se volvieron también los míos. Si él estaba en desacuerdo con algo que yo hacía o decía, me aseguraba de no volver a hacerlo. Nuestra relación llegó a un punto en que, si él me hubiese dicho: "Brinca", mi respuesta inmediata hubiera sido: "¿Cuán alto, mi amor?". Dios ya no estaba en el centro. Ahora Romeo era mi centro y mi todo. Y yo estaba enfocada en asegurarme de que él fuera mío por siempre, o al menos eso pensaba.

---

## El temor y la duda son diferentes

Muchos creen que el temor y la duda son sinónimos, pero nada está más lejos de la verdad. Estos términos son independientes el uno del otro. Sin embargo, aunque son diferentes, usualmente van de la mano. Podríamos comparar al temor y la duda con dos hermanos que, aunque nacen del mismo lugar, no son iguales. El *temor* es definido como "un sentimiento de inquietud y miedo que provoca la necesidad de huir ante alguna persona o cosa, evitarla o rechazarla por considerarla peligrosa o perjudicial" o una "presunción o sospecha, particularmente de un posible daño o perjuicio".[15] Por otra parte, *dudar* es básicamente "tener desconfianza, incertidumbre, indecisión".[16] Una cosa cierta es que usualmente una provoca a la otra y viceversa. Por mi parte pensé que eran lo mismo, porque usualmente cuando sentía una, generalmente la otra venía con ella. Ya fuera que temiera o que dudara, el fin siempre era el mismo: evitar el dolor.

### El poder del temor

El temor es un misterio. Tiene el potencial de hacer que algo pequeño y a menudo insignificante se salga de proporción y se convierta en algo monstruoso que te acosa hasta que te sientes completamente agobiado. Tiene el poder de paralizarte, de robarte el potencial y las bendiciones, y de succionar de ti la grandeza que Dios soñó para tu vida. Y el subproducto del temor es más temor, un montón de lamentos y los famosos "qué hubiera pasado si…" de la vida. El temor tiene la habilidad de arrancarte el gozo. Mantiene tu enfoque en las probabilidades de dolor o peligro, de esta manera te quita la atención de las promesas de Dios.

Ahora bien, hay dos tipos de temor: el que acabamos de describir y otro que es natural e instintivo. Este temor natural es el que nos ayuda a estar atentos y a reaccionar a favor de nuestra supervivencia si enfrentamos un peligro *real*. Por ejemplo, si estuvieras corriendo y vieras un acantilado, hay un temor saludable que te hace detener para evitar que caigas por el precipicio. Aun la Biblia menciona esta clase de ese temor inminente que sentiríamos si un león rugiera frente a nosotros (Amós 3:8). No hay nada de malo en tener algo de miedo o temor en la vida, lo que sí es malo es vivir conforme a ese miedo.

Fuimos creados con un temor natural, basado en la realidad, que nos custodia para preservar nuestra vida. Por otra parte, hay otro tipo de temor que *no* está basado en la realidad y que tiene como fin impedir el propósito de Dios en nuestra vida y separarnos de Él. Este temor viene del enemigo.

Estudios han mostrado que demasiado temor afecta la salud. El *European Molecular Biology Organization* [Organización Europea de Biología Molecular] (EMBO) reporta que "cuando enfrentamos una amenaza, nuestro sistema endocrino libera [una combinación de] hormonas, las cuales junto con otras señales elevan los sistemas que necesitamos para protegernos, y disminuye aquellos que no son inmediatamente útiles para la supervivencia. Aunque estos cambios sistémicos ayudan a protegernos a corto plazo, son peligrosos si el estrés persiste". Aun el mismo reporte expone que los efectos del estrés relacionados al temor están asociados con "el sistema inmunológico debilitado, el incremento del daño cardiovascular, los problemas gastrointestinales tales como úlceras y síndrome de colon irritable, fertilidad disminuida, pérdida en la formación de memorias a largo plazo, daño a ciertas partes del cerebro como el hipocampo…fatiga, incremento en la probabilidad de osteoporosis, diabetes tipo 2, depresión clínica agravada, envejecimiento acelerado y hasta muerte prematura".[17] El enemigo sabe esto y lo usa para cumplir su misión primordial: robar, matar y destruir (Juan 10:10).

Lo irónico del temor, y la razón por la que creo que el diablo desea mantenernos ahí, es que la gente que está atada por el temor cree la mentira de que en alguna manera nos mantiene alejados del dolor. Sin embargo, los efectos a largo plazo del temor nos causan más dolor y sufrimiento que aquél en cual pensamos que nos evita. Max Lucado lo expresa hermosamente en su libro *Gran día cada día*: "La presencia de temor no indica que carezcas de fe. El temor nos visita a todos. Cristo mismo experimentó gran tristeza y angustia (Marcos 14:33). Tan solo cerciórate de que el temor sea un visitante, no un invitado permanente. ¿Acaso el temor no te ha robado ya suficiente? ¿Suficientes sonrisas? ¿Carcajadas? ¿Noches reparadoras, días exuberantes? Afronta tus temores con fe".[18] Debemos elegir y decidir vivir una vida en donde el temor no controla todo lo que hacemos, y permitir que Dios sea quien dirija nuestro andar. Después de todo, Él siempre tiene cuidado de nosotros (1 Pedro 5:7).

La buena noticia es que el temor destructivo y paralizador del enemigo sólo puede llegar tan lejos como se lo permitamos. El espíritu de temor no nos puede controlar sin permiso. Si ha logrado gobernar nuestros pensamientos, nuestras acciones y nuestra vida, ciertamente tenemos el poder de detenerlo y echarlo fuera con la ayuda del Espíritu Santo.

Crecí con la percepción de que el temor era la contraparte de la fe. No era raro escuchar sermones acerca de esto. Escuché a algunos hasta dar a entender que el temor era pecado, lo cual parece muy a menudo ser el objeto de debates teológicos. Sin embargo, Jesucristo mismo tuvo que enfrentar el temor. La Biblia nos relata en Lucas 22 y Mateo 26 que Jesús tuvo que lidiar con un temor agonizante al verse frente a una muerte inminente y horrorosa. Tanto fue su temor que su sudor se volvió como gotas de sangre (Lucas 22:44), una condición que se cree "ocurre cuando una persona está frente a la muerte u otra situación extremadamente estresante".[19] Seguramente debió ser aterrador para Jesús saber el tipo de sufrimiento horripilante que le esperaba. Aun así en ese relato vemos un ejemplo de la respuesta perfecta ante el temor. Jesús no sucumbió ante él, sino que se sostuvo de la voluntad de Dios, sabiendo que era lo mejor. Esta es la respuesta que todos debemos ejercer cuando somos tentados con vivir en, por y mediante el temor: soltarlo y rendirnos ante la voluntad de Dios. Después de todo: *"Pues Dios no nos ha dado un espíritu de temor y timidez sino de poder, amor y autodisciplina"* (2 Timoteo 1:7, NTV).

## El verdadero opuesto a la fe

Es fácil creer que el temor es la contraparte de la fe. Pero, el verdadero opuesto de la fe no es el temor, sino la duda. Sabemos que la duda es desconfianza, incertidumbre y vacilación para creer. La fe por otra parte es *"la **certeza** de lo que se espera, la **convicción** de lo que no se ve"* (Hebreos 11:1, RVR60, énfasis añadido). Me gusta muchísimo cómo lo expresa la versión *The Message* en los versos 1–2:

> *"El hecho fundamental de la existencia es que esta confianza en Dios, esta fe, es el **fundamento firme** bajo todo lo que hace que la vida valga la pena vivirla. Es nuestro **agarre** de lo que no podemos ver. El acto de la fe es lo que distinguió a nuestros ancestros, que los diferenció de la multitud"* (traducción propia y énfasis añadido).

Nuestra fe tiene el poder de mantenernos confiados, seguros, firmemente fundamentados, y con un buen agarre en las promesas de Dios para nuestra vida. ¿Acaso no te parece que la misma definición de duda es justamente lo opuesto a la fe? Mientras la fe es confianza, la duda es desconfiada. Mientras la fe es certeza, la duda es incertidumbre. Mientras la fe está firmemente fundada, la duda lo cuestiona todo. Mientras la fe es segura en lo que cree, la duda vacila y titubea para creer. En las Escrituras vemos que Jesús mismo ubicó a la duda en posición opuesta a la fe. A menudo decía: "gente de poca fe, ¿por qué *dudan*?" (Mateo 14:31; 21:21; Marcos 11:23).

## La duda, arma sutil del enemigo

La duda es un arma poderosa para el reino de las tinieblas, y satanás sabe exactamente cómo empuñarla. Él usualmente espera el momento en que te acaba de ser dada o recordada una promesa; ya sea que la hayas recibido por una Palabra de Dios acerca de lo que Él tiene guardado para ti o que te estés acercando a un tiempo de cumplimiento. Desde el momento en que Dios habla a tu corazón, no pasará mucho tiempo antes de que te llegue ese pequeño pensamiento, esa vocecita en tu mente que te dice algo como: "*¿Fue realmente Dios quien habló? ¿Es esto realmente de Dios?*". Esa es la voz del espíritu de duda. En ese momento es que hacemos una de dos cosas: nos levantamos en fe y echamos fuera la duda, o nos inclinamos ante ella para seguir escuchándola y creyéndole.

En mi caminar con Dios he aprendido que el enemigo tiene ciertos propósitos con su uso estratégico de la duda, y son:

### 1. La duda extingue nuestra fe.

El enemigo sabe que una persona con una fe fuerte no es fácilmente movida. Vengan pruebas, tribulaciones, adversidades, la fe es nuestro fundamento firme. Por esta razón cuanto más estemos fundados en nuestra confianza inquebrantable en Dios, más cerca estaremos de Él en los tiempos desafiantes de la vida. El enemigo odia eso, así que trata de llenar nuestra mente con dudas en un intento de erradicar nuestra fe.

### 2. La duda llama a Dios "mentiroso".

Piensa en esto. Cuando dudas de Dios, estás cuestionando la veracidad de sus palabras. Cuando cuestionas que algo sea o no verdad, estás abriéndote a la posibilidad de que sea una mentira. La Biblia es clara. Dios no puede mentir (Números 23:19; Tito 1:2). El enemigo sabe esto. Recuerden que satanás siempre ha querido ser igual a Dios. Por este orgullo de no asumir su lugar, y su rebelión al codiciar el lugar del Todopoderoso, es que fue expulsado para siempre del cielo (Isaías 14:12–14). Desde entonces, como no pudo erradicar a Dios para tomar su lugar, ha estado haciendo todo en su poder para bajar a Dios a su nivel con el mismo ímpetu. La Biblia nos dice que satanás es el padre de toda mentira (Juan 8:44). Por tanto, al lanzarnos dudas intenta llamar a Dios mentiroso, para nivelar la balanza entre él y Dios, e intentar forzarlo a descender a su nivel.

La parte peculiar es que satanás pretende usarnos a nosotros para esto, porque somos hijos de Dios y además, su más preciado tesoro. Tanto, que lo dio todo para ofrecernos la posibilidad de que estemos con Él para siempre (Mateo 13). Sabiendo cuánto valor tenemos para Dios, satanás, padre de toda mentira, nos usa para ayudarlo a bajar a Dios a su nivel, porque sabe que esto le dolerá más a Dios viniendo de nosotros.

En esencia lo que el diablo hace al poner en nosotros duda, es buscar hacernos confesar esas dudas diciéndole al Padre: *"No te creo. Lo que dices no es verdad. Eres mentiroso"*. En el proceso nos hacemos copartícipes con satanás en arremeter contra Dios. Más aún, ubicamos a satanás en el lugar que le corresponde a Dios, creyendo más en sus mentiras que en la verdad absoluta de Dios. Al final, cuando dudamos de Dios, ayudamos a cumplir el deseo de satanás de ser él quien esté en el trono de nuestro corazón y no Dios.

### 3. La duda contrista al Espíritu Santo.

El Espíritu Santo es nuestro consolador y consejero, nuestro aliado y nuestro amigo. Él opera en la verdad y nos guía a ella. Cuando hablamos o actuamos basado en pensamientos de duda hacia Dios, permitimos que nuestra vida sea guiada por la mentira de que Dios no es veraz. Esta mentira es la que se convierte en nuestra guía y por ende excluye y rechaza al Espíritu Santo. Tronchamos su función de guiarnos a toda verdad (Juan 16:13). Lo peor de esto es que si persistimos en esto durante bastante tiempo, nos arriesgamos a contristar al Espíritu Santo. A su vez, atrasamos el progreso del propósito de Dios en nuestra vida y nos impide movernos hacia adelante en su perfecto plan.

La Escrituras dicen lo siguiente acerca de las mentiras y de contristar al Espíritu Santo en Efesios 4:25 y 30 (NTV, corchetes añadidos):

> *"Así que dejen de decir mentiras. Digamos siempre la verdad a todos porque nosotros somos miembros de un mismo cuerpo. (…) No entristezcan al Espíritu Santo de Dios con la forma en que viven. Recuerden que Él los identificó como suyos,[puso Su sello en ustedes] y así les ha garantizado que serán salvos el día de la redención".*

Por esto es que debemos tener mucho cuidado de no permitir que la duda nos haga deslizar a una vida basada en mentiras. En cambio, debemos permitir que sea el Espíritu Santo que nos guíe a toda verdad. Esto se logra erradicando la duda y dando cabida a la verdad de Dios en cada una de nuestras circunstancias.

El temor y la duda no son lo mismo, pero usualmente van de la mano, una para paralizar nuestra fe y la otra para extinguirla. Joyce Meyer lo dijo de esta manera: *"Las mentes negativas llenas de temor y duda producen vidas negativas, las cuales al final destruyen tu vida"*. Ciertamente enfrentaremos temores en la vida, y la duda seguramente vendrá. Mas nosotros tenemos el poder de identificarlo, echarlo fuera en el nombre de Jesús, y elegir caminar en la verdad de que confiar en Dios siempre es la mejor opción.

———— • ————

## Ora a través del temor y la duda

El temor y la duda nunca deben ser un agente paralizador en tu vida. Si estás batallando contra cualquiera de ellos o con ambos, te invito a hacer esta oración:

> *Amado Espíritu Santo:*
>
> *Me acerco para alabarte con agradecimiento por ser mi guía a la verdad. Pido perdón por haber permitido que el temor y la duda tomen las riendas de mi pensamiento, y a veces de mis palabras y acciones. Renuncio a la mentira de que no eres veraz y fiel a tu Palabra y tus promesas. Hoy elijo creer tu verdad y rechazar las mentiras. En el nombre de Jesucristo, echo fuera el espíritu de duda de mi vida, y cierro cualquier puerta espiritual que haya abierto con mis pensamientos y palabras de incertidumbre y titubeo por creerte. Me libero de las mentiras y me lanzo de lleno a la fe y a la confianza plena en que lo que tú has dicho que harás en mi vida.*
>
> *En el nombre de Jesús oro y creo.*
>
> *Amén.*

**Escrituras para sostenerte en medio de duda y temor:**

*"Porque de cierto os digo que cualquiera que dijere a este monte:*
*"Quítate y échate en el mar, y no dudare en su corazón, sino creyere*
*que será hecho lo que dice, lo que diga le será hecho".*
—Marcos 11:23 (RV60)

*"Ahora bien, tener fe es estar seguro de lo que se espera;*
*es estar convencido de lo que no se ve. Gracias a ella,*
*nuestros antepasados fueron reconocidos y aprobados".*
—Hebreos 11:1–2 (RVC)

*"Pero sin fe es imposible agradar a Dios; porque es necesario*
*que el que se acerca a Dios crea que le hay, y que es*
*galardonador de los que le buscan".*
—Hebreos 11:6 (RV60)

*"Así que no teman, pues ustedes valen más que muchos*
*pajarillos".*
—Mateo 10:31 (RVC)

*Parte III:*

---

# MUJER HALLADA

# Capítulo 5

# ❧ REBELIÓN ❧

*"Hay dos clases de personas: Aquellos que dicen: 'Hágase tu voluntad', y aquellos a quien Dios le dice: 'Pues bien entonces, hazlo a tu manera'".*

*"Una criatura que se rebela contra su creador se rebela contra la fuente de sus propios poderes, incluyendo hasta su poder para rebelarse. Es como si el aroma de una flor intentara destruir a la flor".*

—C. S. LEWIS (1898–1963)
Reconocido autor y literato cristiano,
anteriormente ateo[20]

HABÍA LLEGADO EL tiempo de la universidad. Estaba en mi primer año. Ya me había familiarizado con el rápido ritmo de enseñanza por parte de los expertos y profesionales profesores. Sus estilos eran muy diferentes a los de aquellos consentidores maestros de la secundaria. Por supuesto, mi foco de atención estaba siempre en la música. Ningún deseo en mi vida era mayor que convertirme en una cantante profesional. Así que me matriculé en la carrera de Educación musical especializada en desempeño vocal. Pronto obtuve gracia delante de mis profesores y compañeros. "Tu voz es diferente", me decían. En mi primera evaluación vocal antes de clases, mi profesora de canto me dijo con suma emoción: "Eres una *mezzo*, pero con la profundidad de una *contralto* y el registro de una *soprano lírica*. ¡Eres una maravilla! Así que estoy deseosa por ver todo lo que podemos hacer con tu voz". Acto seguido me asignó piezas musicales retadoras que pronto se hicieron un deleite para aprender y cantar. Era un gran placer personal ver cómo mis talentos musicales me abrían puertas. Finalmente sentía que podía ser aceptada.

Otro placer fue que Romeo siempre estaba cerca. Él también era aspirante a músico y compartíamos clases. Aunque francamente, era poco lo que atendíamos a esas clases que cursábamos en común. Nuestra atención primordialmente estaba el uno en el otro. Cada segundo de mi tiempo libre la pasaba con él. Y ahí me encontraba con mis dos amores en un mismo lugar, la música y Romeo.

Mi corazón estaba felizmente lleno de sueños y aspiraciones profesionales y sentimentales. Continuaron presentándose oportunidades en mis estudios y mi carrera musical, y yo estaba determinada a tomar provecho de cada una. Con gracia me convertí en la solista del coro y conjuntos de concierto. La euforia embriagante que sentía cada vez que tenía la oportunidad de estar en el escenario, me hacía sentir que estaba en la cima del mundo.

Al tiempo comencé a recibir ofertas para impulsar mi carrera mediante una grabación profesional como solista. Este había sido un sueño que tenía desde que había escuchado mi primer casete de niña. Sin embargo, aun con el gran deseo que tenía de decirle que sí a todas mis ofertas, seguía luchando con mis temores. Temía que Romeo se sintiera excluido, yo continuaba haciendo todo lo que podía para que se sintiera en su mejor estado cuando estaba conmigo. No quería hacerlo sentir incómodo ni poner en riesgo su felicidad conmigo. Simplemente no podía soportar el pensamiento de que quisiera dejarme. Pero aun así, mi sueño de ser una gran cantante profesional también pesaba mucho en mi interior.

Para ayudar a conciliar mis dos deseos, decidí entonces consultar cada decisión musical con Romeo. Él decidiría por mí, así era como yo lo había acostumbrado con todo lo demás en mi vida, era más fácil que otro tuviera la culpa si algo no resultaba bien. Él escogería y yo seguiría. Esa era la dinámica común entre nosotros, hasta el día que él dijo: "No".

Yo le había preguntado acerca de una oportunidad única de grabar un disco completo como solista. Dentro de mí había un gran "sí" para tomar provecho de tan buena oportunidad. Mas esto implicaba que debía conocer y reunirme con productores para hablar de los asuntos empresariales de la producción, y debía ser pronto. Y por lo que a los productores se refería, Romeo no era para nada parte de la ecuación.

—*Tengo una reunión con los productores interesados en grabar mi primer disco.*

—*¿Cuándo? Yo puedo la semana que viene, —respondió.*

—*Bueno, es que necesitan reunirse mañana... y pidieron reunirse solo conmigo.*

—*No. Si yo no estoy ahí, no irás. Yo tengo que estar ahí,* —*dijo Romeo ofuscado.*

—*Pero siento que esto es algo que tengo que hacer. Yo puedo reunirme con ellos y contarte todo. Pero el único día en que puede hacerse la reunión es mañana,* —*le dije casi implorando.*

—*Ya te dije que no,* —*respondió con tono firme, casi como el regaño de un padre.*

Mi corazón se hundió. Me encontraba en una encrucijada interior. Durante mucho tiempo yo lo había acostumbrado a subyugar mis pensamientos y mi voluntad. Fui yo quien le permitió convertirse en mi centro, mi guía, mi dirigente, aunque se suponía que debía ser Dios quien ocupara ese lugar. Comencé a ver los resultados de haberlo idolatrado tanto, y no eran para nada bonitos. Especialmente en este momento cuando me encontraba tan cerca de ver cumplirse mi sueño más grande. Me dije a mí misma: *"Miles de personas morirían por una oportunidad como esta, ¿y yo no la puedo tomar porque él quiere estar ahí a cada instante?"*. Esto rasgaba por la mitad mi sentido de valor propio. Una parte de mí necesitaba a Romeo para sentirse amada; la otra parte necesitaba la tarima para sentirse valorada.

Esta situación abrió una puerta en mí que había mantenido cerrada a propósito en toda nuestra relación hasta entonces. Era la fría puerta de las discusiones. Hasta ese momento nunca habíamos dado riendas a ningún argumento. Cada vez que afloraba un desacuerdo yo me aseguraba de asumir cualquier postura que sabía lo mantendría contento. De nuevo, yo no quería hacer o decir nada que lo hiciera desencantarse conmigo y resultara perdiéndolo.

Por tal razón, sin saberlo, creé a un monstruo. Mas ahora sentía que este monstruo amenazaba con despedazar mi sueño anhelado. La música era mi primer amor; y yo tenía más historia con la música de la que jamás tendría con Romeo. Así que, sí, discutimos. Y con tanto que llevaba guardado por dentro, explotaron las compuertas. Toda mi frustración se disparó. Explotó el embotellamiento de cada palabra que me había forzado a tragar, cada ocasión en que no me atreví a defender la validez de mis puntos de vista, y cada límite que no había establecido vino con la fuerza de un tsunami. Ese día fue nuestra primera y magistral discusión. La otra continuó al siguiente día, y el ritmo de nuestras discrepancias se intensificó con el pasar de los días.

Decidí que ya estaba cansada de "someterme" ante la voluntad de Romeo. No viviría más siguiendo solo los pasos que él aprobaba. Durante los primeros intentos de adoptar esta nueva postura de pensamiento autónomo y toma de decisiones individuales, las cosas entre nosotros se pusieron cada vez más tensas y difíciles. Hasta que un día la chica sumisa y subyugada salió de su cascarón, y surgió una mujer determinada en seguir sus sueños, viniera lo que viniera.

De esta manera comencé a dar pasos hacia lograr mi grabación, yendo a las reuniones que debía ir con productores y equipos creativos, le gustara a Romeo o no. Después de todo, era *mi* vida, ¿cierto? Al ver esto, ese monstruo de dominancia que había creado y alimentado, se soltó. Las discusiones y los argumentos se convirtieron en puros ataques verbales con palabras terriblemente abusivas. Nuestro amor estaba atrapado en el fuego cruzado de gritos, lanzas verbales insensibles y muchas lágrimas. Nuestro cortejo comenzó a desangrarse, y un día en medio de palabras hirientes, ese amor se quebró. Tal vez fue porque él no pudo soportar los efectos de la aparición de esta nueva Christine que pensaba por sí misma y que él realmente ya no conocía, al menos esta faceta nunca le había sido mostrada por temor. Y así, después de casi tres años de noviazgo, en medio de una llamada telefónica que se convirtió en una discusión desmedida, la relación se rompió. Él terminó conmigo de una vez y para siempre.

Sentí como si mi corazón hubiese sido destrozado, aplastado por el golpe que colgó aquél teléfono. Sí, ese mismo corazón cuyos pedazos apenas había podido pegar con la esperanza que puse en este chico, quien yo pensaba llenaría los huecos dejados por mi pasado, mis pérdidas, mi luto, mi rechazo y mis temores. En menos de un segundo, con el auricular aún en mi mano, casi podía ver mi corazón cayendo como en cámara lenta. Cada grieta antigua y cada hendidura eran visibles mientras giraba en el aire hasta caer al suelo, quebrándose en mil pedazos y quedando irreconocible.

Y ahí estaba otra vez, como si se hubiera planificado, una sensación agonizante como lava que subía, crecía y quemaba mis entrañas. El dolor había regresado. Solté el teléfono lentamente e intenté dar algunos pasos, pero mis piernas parecían perder su habilidad de sostenerme, y colapsé. Afortunadamente mi mamá había estado escuchando desde la otra habitación e imaginando el terrible dolor que debía sentir, corrió hacia mí y llegó justo a tiempo para recibirme en sus brazos y evitar que llegara al suelo. Por algunos segundos no pude respirar. Intenté gritar movida por el terrible dolor en mi alma, pero no lograba emitir sonido alguno. Solo había dolor. ¡Oh, cuánto dolor, de ese que es tan fuerte que enmudece y ensordece! El dolor de mi alma había regresado tal y como temí que lo haría. Había olvidado brevemente cuánto dolía la pérdida, mas este momento me aplastó con tan cruel recordatorio de su presencia. De repente, casi sin aliento, salió de mí el más desgarrador estallido de llanto. Mami y mi hermana estaban ahí conmigo, rodeándome y llorando junto a mí. Mis sollozos continuaron por horas hasta la madrugada, hasta que mi cuerpo ya no soportó el agotamiento y desmayé bajo el peso agonizante de un roto corazón.

---

Pasaron varios meses y finalmente estaba comenzando a sentir que me recuperaba de tan catastrófica ruptura de corazón. Romeo se estaba volviendo cosa del pasado. Cambié de universidad a un recinto lejos de tantos lugares memorables entre él y yo. Embarqué rumbo a dedicarme a cumplir mi sueño de ser una cantante. Ahora mis deseos habían evolucionado; más que ser una simple cantante, quería ser una estrella. Pero en mis momentos a solas, allí en mi pequeño hospedaje universitario, me veía forzada a escuchar el latido débil y comatoso en mi interior. Era en esos momentos que recordaba y sentía mi dolor más intensamente. Estaba inmersa en la desilusión, la decepción y el quebranto. Entonces sentí el inicio de una conversación en mi cabeza. Una vocecita habló a mi mente. Aunque inicialmente pensé que era la voz de mi consciencia, ciertamente se sentía distinta a la voz de mis propios pensamientos. Esta duda era legítima. Seguramente esta voz sonaba muy diferente a las muchas conversaciones internas que acostumbraba tener conmigo misma.

Un día, después llegar a casa y desplomarme en mi cama sintiéndome enlutada por todo lo que había perdido, esta voz habló a mi mente y dijo: "*Oh, Christine. Mírate. ¿Por qué estas llorando? ¡No deberías estar ahí tirada llorando! Deberías aceptar el hecho de quién eres. Haz cuenta de tu vida. Tu papá prefirió tomar y ser un borracho antes que ser tu padre. Él te abandonó. Tu madre se interesó por casarse y rehacer su vida, llevándote lejos de New York, de tu familia y todo lo que amabas y apreciabas. Ella forzó otro gran abandono. Tus compañeros te rechazaron cuando eras pequeña por ser diferente, tan fea como siempre; ellos también te abandonaron. Y ahora, después*

*que le entregas tu corazón a Romeo, te lo rompió, y ¡también te abandonó!*
*Esto sólo puede significar una cosa: viniste al mundo para ser abandonada.*
*Nadie te quiere. Eres… 'incapaz de amar'".*
Me desesperaba por escapar del dolor de cualquier manera. El solo hecho de estar sola lo hacía peor, así que escuchar esta voz me parecía un mejor pasatiempo que sumergirme en el sonido ensordecedor del silencio y la soledad. Esta vocecita decía cosas que me parecían lógicas y convincentes. Después de todo, estas cosas *sí* me ocurrieron, ¿cierto? Sentía el zumbido interno de mis emociones estremeciéndome en un vaivén de lástima propia y remordimientos. En este momento de tanta vulnerabilidad, esta voz adversaria continuaba argumentando con un tono firme y un tanto áspero diciendo: "*Y… ¿dónde está Dios en todo esto? ¿Dónde estaba Él cuando murió tu papá? ¿Dónde estuvo cuando fuiste arrancada de tu hogar? ¿Dónde cuando todos te rechazaban? ¿Y dónde cuando tu novio te rompió el corazón? Más aún, ¿dónde está Dios ahora?*". Luego articuló una frase que sembró una bomba de tiempo en mi psiquis: "*Si tan sólo Dios hubiera evitado la muerte de tu papá, ¡nada de esto hubiera ocurrido!*".

Estas palabras enviaron un escalofrío por mi espina dorsal. Tenía sentido para mi corazón confuso y deprimido. Comencé a entrar en acuerdo con esa voz pensando, ¿cómo pudo Dios dejar que mi Papito se muriera? No podía ver otra manera posible de razonar. No podía aceptar que la muerte de mi papá fue consecuencia de sus propios actos y malas decisiones. Todo lo que necesitaba era alguien a quién culpar, alguien sobre quién podía expulsar toda mi ira. Así que escogí a Dios como el culpable, el blanco hacia donde apuntaba todo mi dolor. Comencé a resentirme con Él. Pero este resentimiento era interno y callado, ya que me habían enseñado desde pequeña que nunca se hablaba mal de Dios, así que no lo hacía abiertamente. Sólo escuchaba lo que me decía esa pequeña voz.

Yo ignoraba que esta voz instigadora era la misma del enemigo de mi alma y el ser que más odia a Dios. Estaba tomando ventaja de que mi corazón sangraba para infectarlo y ponerlo contra Dios. Ajena a esta verdad comencé a creer sus palabras torcidas. Las creí con cada fibra de mi ser. Al pasar de los días, la voz del enemigo me continuaba dando ideas sobre "cómo devolvérsela a Dios por lo que Él me hizo". Muy pronto mis pensamientos errados se tornaron en acción. Pero no mostraba esa acción abiertamente, sino de manera pasiva pero ciertamente agresiva.

Durante este tiempo de mi vida me había convertido en la líder de alabanzas principal de mi iglesia, una congregación relativamente grande e influyente de mi ciudad. Experimentaba semanalmente lo que era dirigir a otros con cánticos de adoración. Cada semana muchos de los presentes en nuestras reuniones cantaban alzando sus manos, se humillaban ante la presencia de Dios, y algunos eran salvos y hasta liberados durante el tiempo musical. Pero para mí esto era una parte más de los gajes del oficio de ser la "líder". Hacer que los presentes fueran conmovidos, era parte de mi trabajo. Llegué a creer que si lo hacían era porque yo los llevaba ahí. Un bono añadido era el hecho de que tenía a mi disposición la plataforma, la tarima, digo, el altar sobre el cual podía brillar ante muchos, de esta manera tenía a más personas expresando admiración después de cada ejecución vocal con aplausos y el famoso "*wow*".

Durante los fines de semana mi vida era todo acerca de la iglesia. Vestía de acuerdo sus estándares, cantaba sus canciones, y hablaba su vocabulario. Pero durante la semana, en cambio, mientras estaba lejos de casa, en la universidad, ciertamente no caminaba su camino. Estaba resuelta a basar mis creencias en que "Dios me lastimó", y entonces le pagaría lastimándolo. ¿Cómo? Pues haciendo todo lo posible por desobedecerle. Y así, una paradoja yacía en mí.

Comencé a vivir una doble vida: una parte pecando a propósito durante las semanas de curso universitario, y la otra parte manteniendo la apariencia de santidad durante los fines de semana en la iglesia. Una completamente aislada de la otra. Era una chica fielmente religiosa de la iglesia, mas estaba perdida aun en la casa de Dios.

Esta doble vida me llevaba a mayores niveles de pecado. El estar enojada con Dios me hizo comprometer mi fe e integridad. Erré en mi pensamiento. Creía que Dios no podía amarme. Por tanto, mi respuesta era regresarle esta creencia al elegir no amarlo ni amar nada que tuviera que ver con Él. Esto incluía también a mi familia y amigos que iban a la iglesia. Cuando escuchaba que se hablaba de la Palabra de Dios volteaba en dirección contraria, desinteresada y a veces en oposición.

> Era una chica fielmente religiosa de la iglesia, mas estaba perdida aun en la casa de Dios.

A pesar de lo absorbida que estaba por mi estilo de vida pecaminoso, mi carrera comenzó a florecer. Fuera de ser líder de alabanza en la iglesia, ocupaba posiciones vocales muy favorables en el departamento de música de mi universidad. También, tenía trabajo como corista profesional, cantando para varios artistas de renombre en Puerto Rico, tanto cristianos como seculares. Había muchas puertas abiertas para desempeñar interpretaciones musicales por doquier. Y tomé provecho de cada una con entereza, encanto, y máximo carisma. Había sido consagrada para servir y cantarle solo a Dios, mas no me importaba si estas presentaciones eran para cantar música cristiana o no. A menudo me excusaba diciendo: "Bueno pues, una chica tiene que comer, y yo canto para el que me alimente". Pero poco sabía que no sólo alimentaba mi boca con mis presentaciones, sino también alimentaba mi ego con orgullo y mi alma con amargura, la cual era tan evidente por mis actitudes de diva.

Había llegado a vivir con una contradicción interna: mientras mi orgullo se incrementaba, mi valor propio decaía. En lo que respectaba a mi carrera, parecía estar teniendo un buen comienzo, mas también me estaba hundiendo en un hoyo negro de miseria y depresión. Mi elemento vital era el aparente valor que otros me atribuían basado en mi talento, aspecto o físico. Estaba convencida de que yo no era nadie, que si no estaba cantando y siendo aplaudida, no era nada.

Y ahí fue que ocurrió; perdí el sentido de mí misma. Dejé de valorarme. Ya no me importaba nada de mí misma. Todo me daba lo mismo. Tal fue mi carencia de autoestima que llegué a aceptar la idea del suicidio como un pensamiento recurrente. En varias ocasiones estuvo cerca de convertirse en algo más que un simple pensar. Mi razonamiento conducido por el dolor se centró en encontrar un modo de escapar de la agonía que había dentro de mí, pero nada funcionaba. Llegué a pensar que tomar decisiones irracionales cimentadas en el dolor solo para herir, lastimar o descargarme con a alguien más, era parte de mi identidad. Decir que pensaba de mí como un objeto estropeado, sería quedarse corto. Por esto consideré que tal vez me estaría haciendo un favor si ponía fin a mi sufrimiento. De esta manera me aseguraba que otros a mi alrededor no tendrían que soportarme y lidiar con mi dolor también.

Había momentos, mayormente cuando estaba a solas, que me sentía acorralada. Sentía que mi esperanza se extinguía y mi alma se sofocaba. A la vez, mis decisiones y mi comportamiento estaban dirigidos a satisfacerme desmedidamente. Comencé a explorar el mundo y sus placeres. Frecuentar clubes nocturnos, y juntarme con gente que acababa de conocer se hizo algo recurrente y normal. Era en esos lugares oscuros y escandalosos donde recurría a auto-medicar mi dolor con la bebida y la intoxicación alcohólica. Precisamente lo que mató a mi papá era lo que ahora yo miraba como salvavidas. Adormecía mi dolor y me hacía olvidar, al menos hasta la mañana siguiente cuando despertaba sintiéndome peor que antes. Me estaba convirtiendo en mi padre, y no estaba segura de que eso era algo bueno.

Para algunos yo tenía el valor que tendría una gallina que pone huevos de oro. Este tipo de compañerismo era la más que frecuentaba. Eran personas que siempre decían lo correcto para acariciar mi orgullo. Entre ellos conocí a un prominente productor, responsable del despegue de las carreras de varias superestrellas. Cuando me prometió el mundo entero y toda la fama que pudiera desear, sus palabras eran como música para los oídos de mi corazón. Sobre todo porque no me pidió dinero, diciendo que se basaba en cuánto "creía en mi talento". Al parecer, mi sueño se podía cumplir a cambio de nada, o al menos eso pensé. Pronto me envolví en perseguir la fama, que se había vuelto mi blanco principal. Así que cuando llegó el momento de ser seducida moralmente para avanzar en nuestra relación profesional, yo accedí. Despilfarré mi integridad, mi pureza y mi honor por promesas vacías de grandes tarimas y la gloria de este mundo. Me valuaba a misma a la tasa fija de cero por ciento. Por tanto, entregarme no significaba nada para mí, pues como quiera creía no valer nada. No podía verme como nada más que rechazada, abandonada, indeseable, e incapaz de amar o ser amada, a menos que estuviera sobre una tarima cantando y deleitando a aquellos a quienes esperaba me amaran, aunque solo fuera por las melodías que salían de mi boca impulsadas por mi alma sangrante. Así que eso hice. Me entregué en cuerpo y alma, sin contenerme, a mi naturaleza de pecado. La rebelión latía en mí y mi pecado sostenía ese latido envuelto en un agudo y añejo dolor.

---

## La rebelión no sucede de la noche a la mañana

Es muy importante saber que la rebelión no es algo que simplemente "sucede" de un día para otro. No te levantas un día después de haber sido una persona genuinamente buena y te conviertes en lo exactamente opuesto. La rebelión es un espíritu sutil. Llega, te susurra pensamientos de odio a la mente, y si los escuchas comienzas a actuar en acuerdo con ellos. Tal fue el caso conmigo. Usualmente, las raíces de la rebelión van mucho más profundas de lo que pensamos, a menudo pasando a través de varias generaciones antes de alcanzarnos. Toman tiempo para cimentarse. Pero cuando lo hacen, nos hallamos cometiendo los mismos actos contra los cuales sentimos esa rebelión. Por ejemplo, yo me puse rebelde por la muerte de mi papá. La causa de su muerte fue el alcoholismo. Pero mi rebelión me movió a hacer precisamente lo mismo que dio lugar a mi dolor en el primer momento. Por mi rebeldía permití que aquello que destruyó la vida de mi papá, causándome tanta amargura, comenzara a tomar las riendas de mi propia vida. Era un ciclo autoperpetuo.

## Las raíces de la amargura

Cuando un resentimiento se aloja en nuestro corazón y lo infecta, produce amargura. Cuando la amargura se apodera de nuestros pensamientos, y a su vez de nuestras acciones, nos mueve a la rebelión. Esta rebelión es usualmente dirigida contra aquello que nos provocó resentimiento en primer lugar. Creo firmemente que no habría razón para rebelarse si no hubiera amargura en el corazón. Es como el proceso de nuestro pensamiento y de nuestras acciones. Por ejemplo, cuanto más piensas en hacer algo, más te acercas a hacerlo en realidad, hasta que finalmente sucumbes, si no cambias esa forma de pensar. La amargura es como esos pensamientos persistentes, mientras que la rebelión es como la acción movida por esos pensamientos. La amargura es la causa y la rebelión es el efecto.

La amargura tiene el poder de enredar nuestra vida de tal manera que perdemos de vista nuestro compás moral. La Escritura dice:

> *"Miren bien que ninguno deje de alcanzar la gracia de Dios; que ninguna raíz de amargura brote y cause estorbo, y que por ella muchos sean contaminados; que ninguno sea inmoral [forni-cario] ni profano como Esaú que, por una sola comida, vendió su propia primogenitura".*
> —Hebreos 12:15 y 16, RVA2015, énfasis añadido;
> corchetes contienen lo que dice la RV60

La amargura lleva a la contaminación moral y a la corrupción de uno mismo. También lleva al comportamiento lujurioso como la fornicación o la obscenidad. Ahora bien, entrar en estos otros comportamientos pecaminosos causa aún mayor desorden. Esto, porque la lujuria consumada causa un gran sentido de ira y odio. Tal fue el caso del hijo del rey David, Amnón, quien la Biblia nos dice que violó a su hermana Tamar. Después que cumplió sus deseos lujuriosos, se enfureció contra ella, aun cuando ella no tuvo culpa alguna, sino él (2 Samuel 13).

Donde hay rebelión se debe encontrar la raíz de amargura que la alimenta y cortarla. De otra manera se autorenovará. En mi caso personal, al investigar de dónde venía la raíz de mi amargura descubrí muchas cosas generacionales que me afectaban. Resulta que mi abuelo paterno también era cantante con aspiraciones musicales. Él y mi abuela se casaron muy jóvenes y tuvieron a mi tío mayor. Su nacimiento fue seguido rápidamente por el nacimiento de mi papá, quien vino como sorpresa a una muy joven pareja de pocos recursos que apenas sabían cómo llegar a fin de mes. Para poder mantener a su familia, que ahora era más grande de lo esperado, mi abuelo tuvo que renunciar a su deseo de seguir cantando para trabajar arduamente en la construcción. Esto causó resentimiento en él, especialmente contra mi padre. Pasaron muchos años antes de que tuvieran más hijos. Durante ese tiempo mi abuelo descargaba todas sus frustraciones sobre mi padre con abuso verbal, psicológico, y a veces físico. Tanto mi abuela como mi padre permitieron amargarse contra mi abuelo, quien de por sí era un hombre amargado. Algunos años más tarde, después de tener dos hijos más, mi abuelo murió consumido por una enfermedad terminal, y con muy poco tiempo para establecer una relación propia entre padre e hijo, con mi papá.

El duelo combinado con una amargura profundamente anclada hizo que mi papá se pusiera rebelde, adoptando comportamientos adictivos. Incluso, tuvo problemas con la ley durante su adolescencia. Luego de un toque de atención con la ley, pronto decidió cambiar su rumbo para cambiar su vida. Se unió a la Fuerza Aérea de los Estados Unidos. Durante su tiempo sirviendo en el ejército, tristemente tuvo que ser testigo de las atrocidades y los traumas del combate en la Guerra de Vietnam. Con esto, la amargura se inyectó aún más profunda en su corazón. Todo lo que había experimentado creó una raíz de tal tamaño que me alcanzaría a mí y a los míos, y continuaría hasta ser cortada. Mi amargura provenía mucho antes de que mi papá falleciera, antes de que yo supiera lo que era la amargura. Quién sabe siquiera todas las raíces de amargura que habrían estado creciendo desde mis ancestros, que nunca fueron identificadas.

Tal vez en tu vida haya raíces de amargura que estén haciendo germinar una rebelión. Para deshacerte de ellas y tomar pasos propios hacia la paz con Dios, debes encontrar de dónde provienen y renunciar a ellas.

### ¿Perdida en la casa de la salvación?

Siempre es un tema delicado cuando alguien habla acerca de un cristiano que ha fallado o "caído de la gracia". Aun hoy, después de tantos años de estar testificando sobre esto, el tema de la doble vida hace sentir incómodos a muchos. Parece ser un tema del cual no muchos prefieren hablar abiertamente. Tal vez sea porque haya más gente atrapada en una doble vida, de los que están interesados en admitirlo. Tal vez les costaría mucho si su pecado oculto saliera a la luz. Quizás sea posible que ya hayan recibido perdón, pero les avergüenza tanto su pasado que no desean que se sepa públicamente. Todas estas razones son muy entendibles.

En cambio, la triste verdad es que hay mucha más personas de la que pensamos dentro de la iglesia, que necesitan salvación, tanto como aquellos que no van a la iglesia. Me parece muy interesante cómo Jesús solía predicarle más a la gente religiosa de su tiempo que a aquellos que no profesaban su fe en Dios. Una vez Él dijo:

> *"No todo el que me dice "Señor, Señor" entrará en el reino de los cielos, sino el que hace la voluntad de mi Padre que está en los cielos. Muchos me dirán en aquel día: "¡Señor, Señor! **¿No profetizamos en tu nombre?** ¿En tu nombre **no echamos demonios?** ¿Y en tu nombre **no hicimos muchas obras poderosas?**". Entonces yo les declararé: "**Nunca les he conocido. ¡Apártense de mí, obradores de maldad!**""*
> —Mateo 7:21–23, rva2015, énfasis añadido

Este texto me lleva al punto que quiero enfatizar. Un corazón amargado y rebelde puede trabajar para Dios y aún ser usado por Él en maneras tremendas, y a la misma vez no tener salvación al final. La amargura te lleva a la contaminación de ti y de otros, perdiendo la noción de la moralidad, lo que a su vez te hace más y más airado y rebelde. Todo en un ciclo interminable. Las obras no nos salvarán ni nos darán entrada al cielo (Efesios 2). Sólo alcanzaremos salvación al permitir que Jesucristo sea nuestro único y exclusivo Salvador y Señor, y haciendo todo lo posible para permanecer lejos del pecado. Esto solo se logra manteniendo una verdadera relación con Dios, amándolo con todo nuestro corazón, nuestra alma, nuestras fuerzas y nuestra mente, y a nuestro prójimo como a nosotros mismos (Lucas 10:27). La rebelión puede ser vencida con la ayuda de Dios. Sólo hay que pedírsela.

———•———

## Ora por tu rebelión y amargura

Tal vez estés enfrentando alguna forma de rebelión o hay amargura tomada de tu corazón. Quizás has pasado por tanto que te encuentras enojado con Dios mismo. Cualquiera que sea la situación que atraviesas, no dejes que la amargura y la rebeldía te derroten. Si estás batallando con un corazón amargado o con tendencias rebeldes, te invito a que hagas esta oración:

> *Amado Dios:*
>
> *Tengo ira, tristeza y deseos de descargarme contra alguien, tal vez contra ti mismo. Pero he vivido demasiado tiempo con el dolor y la decepción. Perdóname por culparte por mi dolor. Yo sé que ahora es más que eso lo que me hace señalar con el dedo. Perdóname por mi actitud airada y resentida. Perdóname también por mi desafío hacia ti, hacia otras autoridades y mi rechazo a la corrección. Ahora puedo ver más claramente y sé que todo esto proviene de una raíz de amargura. Renuncio a esa raíz y a las creencias que me hicieron albergarla. En tu nombre corto todo lazo generacional con esta raíz. Ya no cargaré más amargura, la reemplazo con tu amor y paz. Me arrepiento de mis caminos rebeldes y te pido perdón por las maneras en que me contaminé o contaminé a otros por albergar rebeldía y amargura. Soy libre en ti, y anclo mi alma en tu Espíritu. En cuanto a aquellos que me han hecho mal, yo sé que tú eres mi justicia y la Verdad. Tú cuidas de mí en presencia de mis angustiadores y en ti estoy a salvo. Señor, gracias por escucharme y sanarme. Abandono mi vida y mi corazón en tus manos. Lléname del Espíritu Santo para que pueda resistir la tentación de rebelarme otra vez.*
>
> *En el nombre de Jesús oro y creo.*
> *Amén.*

**Escrituras para sostenerte al luchar con la rebelión y la amargura:**

*"Él es nuestra Roca, y su obra es perfecta;*
*todos sus caminos son de justicia.*
*Es el Dios de la verdad, justo y recto;*
*en Él no hay ninguna maldad".*

—Deuteronomio 32:4 (rvc)

*"Los mandamientos del Señor son rectos;*
*traen alegría al corazón.*
*Los mandatos del Señor son claros;*
*dan buena percepción para vivir".*

—Salmo 19:8 (ntv)

*"Dios ubica a los solitarios en familias;*
*pone en libertad a los prisioneros y los llena de alegría.*
*Pero a los rebeldes los hace vivir en una tierra abrasada por el sol".*

—Salmo 68:6 (ntv)

*"Andaré en libertad, porque he buscado tus mandamientos".*

—Salmo 119:45 (rva2015)

# Capítulo 6

## ∾ GRACIA ∾

*"Un hombre no obtiene gracia hasta que cae al suelo, hasta que ve que necesita la gracia.*
*Cuando un hombre se inclina al polvo y reconoce que necesita la misericordia,*
*es entonces cuando el Señor le da gracia".*

—D. L. Moody (1837–1899)
Evangelista, orador y misionero americano[21]

MI CLASE EN la universidad se había extendido más tiempo de lo usual, y se había hecho tarde. Iba camino a un ensayo, esforzándome por cruzar el tráfico para por lo menos tratar de llegar dentro de una tardanza razonable, si es que eso existe. Pero este no sería cualquier ensayo; este lo cambiaría todo.

Una amiga me había llamado para ser corista principal en un concierto muy especial en el *Centro de Bellas Artes* de San Juan, la tarima de más prestigio en Puerto Rico, en ese tiempo. Se trataba de un evento cristiano, uno de los primeros permitidos en tan importante auditorio. Solo los grandes nombres tocaban ahí. Y ahora yo, aunque solo estuviera atrás, en mi puesto de corista, ciertamente también estaría allí. El solo pensamiento de ser vista cantando en este lugar hacía que mi delirio de grandeza se acrecentara. Casi podía saborear mis ilusiones de fama y éxito. Así que, por supuesto, acepté ir. Después de todo, yo *era* cristiana, ¿verdad? Era apropiado que dijera un "sí" inmediato…para "servir al Señor bien". Al menos eso era lo que me decía a mí misma para justificar mis pensamientos enorgullecidos.

Al llegar yo sabía que inevitablemente el ensayo había comenzado sin mí. Entré al edificio rápidamente y con mi cabeza en alto. Casi al llegar a la puerta del estudio de ensayo, fui detenida brevemente por el sonido de mi teléfono celular. Era un mensaje de texto de uno de mis conocidos, uno del lado opuesto de la decencia. Habíamos planificado vernos esa noche después de mi ensayo para hacer cosas que me había acostumbrado a hacer en lo oculto. Cosas malas. Cosas vergonzosas. Mi respuesta fue un ligero: "Listo. En un ratito te digo dónde", y enseguida aceleré mi paso al cuarto de ensayo.

De repente, al entrar por la puerta, sentí como si un golpe invisible hubiera impactado mi interior. Por un momento me aturdí. Entré y vi que el ensayo había comenzado y estaba ya en su apogeo. El sonido… era familiar, pero a la misma vez, tan nuevo. Eché un buen vistazo a todos quienes tenían los ojos cerrados y las voces alzadas, y aquellos que tenían las manos libres, las tenían suspendidas en el aire. Parecía que había cruzado el umbral hacia otra dimensión. Sentí como si hubiese ingresado a una especie de barrera atmosférica con un estampido sónico que estremeció mi ser entero. Y allí, entre ese grupo de músicos y cantantes, había una Presencia, una que reconocía mas no conocía. *Él* estaba allí y se hizo notorio a mí.

Podía sentir un luz invisible exterminar las tinieblas que me tenían agarrada. De momento me sentí aterrorizada al pensar que esta luz, aunque invisible al ojo físico, podría de alguna manera descubrir mi oscuridad. Comencé a temblar por dentro. Quería salir de ahí, y rápido. Creí que si me quedaba, todos podrían verme por quién realmente era tan pronto terminaran la canción que los tenía tan envueltos y abrieran sus ojos. Yo no podía concebir que nadie se enterara de que la maldad estaba prendida de mí.

Justo cuando intenté regresar a la puerta para pasar desapercibida, terminó la canción. Todos los ojos se abrieron. Ya era demasiado tarde. El cantante principal, a quien llamaremos David, me vio y enseguida me sonrió con alegría. Se acercó y me saludó, a lo que le respondí: "¡Hola! ¡Lo que está sucediendo aquí es hermoso! Pero disculpa, me estaba yendo cuando terminaron de cantar". Inventé una excusa para salir huyendo de ahí, y dije: "Eh… es que me surgió una situación de último minuto que tengo que ir a resolver. Es casi un asunto de vida o de muerte, así que me tengo que ir. De hecho, esta situación me va a impedir ser parte del evento también. Pero no te preocupes, enviaré una sustituta excelente para el próximo ensayo, para que me cubra, pero me tengo que ir. No puedo hacer más. Solo ora por mí".

Al oírme decir estas palabras, nuevamente me sonrió y me dijo: "Christine. No te preocupes por tu situación. Cuando entraste al salón el Espíritu Santo me habló. Me dijo por lo que estás pasando". Al escuchar esto mis ojos debieron haberse abierto muy grandes en *shock*. Sentí que mucho miedo de que mi temor de ser expuesta, se hiciera realidad. Pensé que si el Espíritu Santo le había dicho lo que hice en los pasados días, o lo que estaba por hacer esa misma noche, sería avergonzada frente a todos, sacada a patadas y lanzada al lodo, donde pertenecía. Pero para mi gran sorpresa, él continuó diciendo: "Pero *eso* no viene al caso. Lo que importa es que no te vayas. Quédate y adora con nosotros. Y cuando terminemos el ensayo oraremos juntos y Dios va a hacer algo tremendo. Ya verás. Pero, por favor, quédate con nosotros. No te vayas".

Pensé por un momento, y luego titubeante accedí a quedarme. Pocos minutos después comenzó a acrecentarse la lucha. Empecé a recibir más mensajes de texto del otro lado, pidiéndome más detalles de la hora y el lugar de nuestro encuentro nocturno. Al verlos sentía un extraño pánico crecer dentro de mí. Me daba pavor el hecho de que iba a salir de ahí para hacer cosas tan pecaminosas. Tal fue mi terror que me paralicé y no pude siquiera responder a los mensajes. Mis manos temblaban demasiado. Evidentemente, la perfecta y poderosa Presencia que se manifestaba en ese estudio ya estaba causando su efecto en mí. Por primera vez en mucho tiempo experimenté lo que es tener convicción de mis pecados. Por primera vez en mucho tiempo pude ver cuán errada estaba, cuán dividido estaba mi corazón, y cuán difícil era mantener esa doble cara que tenía mi vida. Así que me senté allí y pasé el tiempo de ensayo temblando por dentro mientras la adoración de los hijos de Dios aumentaba y se apoderaba de ese pequeño salón.

Cuando todo terminó decidimos salir a comer a un lugar cercano. Subí a mi auto, aún aturdida por la experiencia que acababa de tener. Puse mi llave en el encendido del auto, pero antes de girarla puse mis manos sobre el volante. Estaba harta de todos los malos giros que mi vida estaba dando. Sin embargo, el orgullo no me dejaría admitirlo. Por esto, mi manera de pedir ayuda vino en un despotricar arrogante, una especie de ultimátum. Lancé palabras al aire como dagas diciendo: "Mira, Dios. Si es cierto que tú me ves, que me amas, que tienes planes para mí, y todo eso que dice la Biblia, ¡tienes hasta la medianoche para demostrármelo! Digo, si es que me estás oyendo, y si es que en verdad existes. Si no lo haces, se terminó para mí. Me iré de la iglesia y me lanzaré de lleno al mundo, y esta vez es cierto. Porque si a ti no te importa lo suficiente como para mostrarte delante de mí antes de que termine el día, entonces a mí tampoco me importa lo suficiente como para mantener esta fachadita de niña de iglesia. Y si me pierdo en el camino, ¡pues que me pierda!".

Mientras terminé de arremeter contra Dios con mis palabras, pude escuchar de nuevo en mi mente esa vocecita malévola decir: *"¡Eso! ¡Tú sí que le dijiste a Dios lo que le tenías que decir! Ya le diste un pedazo de tus pensamientos, ¡para que sepa! Ahora vela y verás que Él no hará absolutamente nada, porque Él ni siquiera te está escuchando"*. Y así fue que encendí mi auto y salí como ráfaga.

Al llegar al restaurante inmediatamente notamos que se estaba llenando de gente de iglesia, algunos que conocíamos, y otros a los que simplemente se le notaba. Hay ciertas cosas que hacen distinguirse a algunos feligreses de la gente común. En algunos es el reflejo del Espíritu Santo, casi como un brillo en sus rostros. En otros, su manera de hablar, de conducirse, o de expresarse usando vocablos del argot eclesiástico. Pude enseguida notar que el lugar estaba lleno de creyentes.

Poco después de sentarnos, vi a una señora entrar. Ella estaba sola y la sentaron en la mesa de la esquina al otro extremo del comedor. De donde yo vengo, la crianza en la iglesia donde crecí enseñaba a seguir un estilo muy conservador. Esto conllevaba que entre cristianos de ciertos movimientos conciliares que frecuentaba teníamos un código de vestimenta. Por ejemplo, me enseñaron que la mujer cristiana vestía con falda y no con pantalón, poco o ninguna prenda de joyería, muy poco o ningún maquillaje, ningún esmalte de uñas de color vibrante o muy llamativo, el cabello debía permanecer largo y sin teñir, y el estilo debía ser muy simplista. Estoy segura de que este código surgió con las mejores intenciones, entre ellos honrar a los que llegaban al Señor en necesidad de restauración y evitar serle de piedra de tropiezo a aquellos que luchaban contra pecados de lujuria. Mas sí es cierto que para muchos, no todos, al pasar del tiempo, estos códigos terminaron siendo algo más que una expresión de compasión por otros, se volvieron un estilo de vida, algo "necesario" para ser considerado como alguien que "conoce" a Dios, y sin los cuales no eran considerados salvos. A veces el aspecto físico importaba más que la misma relación con Dios en la intimidad. Por esta razón y por mi religiosidad, me aseguré de *verme* cristiana entre cristianos, aunque en ese momento no hubiera ni un vistazo de Cristo en mi corazón.

Me estremecí al ver a aquella mujer desconocida. Ella vestía un conjunto de blusa y pantalón algodonados y de colores muy brillantes y llamativos, complementado por sus zapatos de tacón aguja. Su cabello estaba teñido de rubio amarillo flamante, acompañado por una amplia gama de colores de maquillaje en su rostro. El intenso rojo sobre sus labios hacía juego con el vibrante color púrpura y azul de su sombra de ojos y mejillas rojamente ruborizados, sólo opacados por el lunar acentuado que llevaba al lado de la nariz. En sus manos con uñas largas rojas lucía múltiples brazaletes y varios anillos brillantes. Las lentejuelas sobre su blusa llamaban aún más la atención, pues su brillo variante se movía al ritmo de sus pasos mientras cruzaba el restaurante, como si flotara en una nube tecnicolor.

Inmediatamente pensé que se había olvidado echarse un vistazo en el espejo antes de salir de su casa. No hace falta decirlo, pero por mi mente nunca corrió ni la posibilidad de que ella fuera cristiana. No vestida *así*. Mi mente religiosa divagaba entre cada pensamiento crítico que se me podía ocurrir. Pensé que era una pagana por su boyante expresión estilística. Al mirar el lunar que tenía resaltado en su mejilla, con el que seguramente nació, hasta pensé que era bruja. El fariseísmo que había desarrollado en mi práctica de pecado oculto vino contra esa mujer con cada onza de fuerza mental que tenía. Mi cabeza farisea estaba lista para quemarla en la hoguera de mi santurronería.

El alma dañada que se hallaba dentro de mí se encendió con críticas, cinismo, sarcasmo, odio, orgullo y juicio. De momento perdí de vista a la mujer multicolor al mirar mi reloj y ver que eran cerca de un cuarto pasado de las once. Yo le había dicho a Dios que Él tenía hasta la medianoche para hacer algo que me mostrara que le importaba mi vida. Sí, es cierto que le di esa invitación de manera atrevida, autoritaria, y en la peor actitud posible, y sí, es cierto que dudaba de que Él respondiera, mas mi corazón desesperadamente necesitaba de Él. Adentro, muy profundo, anhelaba aunque fuera la más mínima señal de que Él estaba ahí y que de alguna manera pudiera traspasar todas mis fallas y fracasos, y venir a mi rescate. Así que estaba muy alerta y con mucha expectativa por lo que podría llegar a ocurrir. Pensaba que odiaba a Dios, pero también lo necesitaba, y esperaba que Él en verdad me hubiera escuchado, y estuviera de camino.

Expectante le hice señas a David desde el otro extremo de la mesa para recordarle la promesa que me hizo de que oraría por mí. Enseguida nos fuimos afuera al estacionamiento. Mi hermana, quien había llegado a unirse al grupo y estaba al tanto de gran parte de lo que estaba viviendo, nos acompañó. Ubicados debajo de un árbol, David comenzó a hablarme de la Palabra de Dios. Por algunos minutos, era como si él estuviera predicando un sermón especial y sólo para mí. Y por primera vez en muchísimo tiempo todo me empezó a tener sentido. Estaba muy atenta, cautivada por cada palabra que decía. Sentía que mi alma hambrienta, así como un recién nacido que se le ha pasado la hora su alimento, finalmente estaba recibiendo pan de vida. Y lentamente sentía un extraño despertar ocurriendo dentro de mí.

Después de algunos minutos dijo: "Ahora voy a orar por ti. Cierras tus ojos y levanta tus manos. Pondré mis manos sobre tu cabeza y Dios va a hacer algo maravilloso mientras oramos". Yo obedecí y cerré mis ojos mientras levantaba mis manos, y sentí que David impuso la palma de su mano sobre mi frente y dijo: "Padre, en el nombre de Jesús...". En ese preciso instante escuché que la puerta del restaurante se abrió repentinamente de par en par, casi restallándose. Ese sonido sorpresivo vino seguido del clac-clac, clac-clac de unos zapatos de tacón. La impresión fue tal que mi atención se desvió a la acción zapatera que se escuchaba acercándose más y más cada segundo. De repente sentí las pisadas detenerse muy cerca. Acto seguido, el sonido de la voz de una mujer frente a mi dijo: "¡Así te dice el Señor!".

Curiosamente abrí un ojo para echar un vistazo de quién se trataba y cuando me di cuenta, se me volcó el corazón. ¡Era la mujer! La que creía con seguridad que no era cristiana. La que incluso pensé era bruja. Resulta que no lo era, ni siquiera se acercaba. ¡Ella era una profeta del Dios Altísimo! Comenzó a hablarme dirigida por Dios, como su misma portavoz diciendo: "Yo soy el Señor tu Dios. Yo *sí* existo. *Sí* soy real. *Sí* te amo. *Sí* tengo planes contigo. Y si me lo permites, hoy te lo voy a mostrar".

Mientras esas palabras salían de su boca movidas por el Señor, sentí que mil corrientes subían y bajaban por mi espina dorsal esparciéndose a cada extremidad, física y espiritual, y comencé a temblar incontrolablemente. Sentí el peso de la gloria de Dios cayendo sobre mí como la sábana más pesada que jamás pueda existir. Me abrazaba profundamente y a la misma vez me aplastaba. En ese momento estuve consciente en especial de su soberanía. Yo ya no estaba en control, y finalmente me di cuenta de que nunca lo había estado.

La mujer continuó hablando el mensaje de Dios a mi vida con palabras absolutamente certeras. Nunca había sido testigo de tan fuerte unción profética como esta. Sobrecogida por el nivel de detalle que decía acerca de la condición en la que estaba mi vida, lugares que frecuentaba, gente con la que me juntaba, sentimientos que tenía, decisiones que tomaba, y hasta pensamientos que cruzaban mi mente, muchos de los cuales nunca había pronunciado anteriormente, era casi como si esta mujer había estado siguiéndome los pasos por los últimos meses de mi vida hasta ese momento.

Pero muy profundo en mi interior sabía que era *Él* y no ella, quien me había estado siguiendo todo este tiempo. Solo que yo no me había dado cuenta. Era Dios quien sabía y me observaba tambalear a través de todo. Él había estado pacientemente esperando que yo le diera la oportunidad de enseñarme a dejar de fijarme en mis deseos quebrantados y comenzara a mirarlo a Él. Dios tomó provecho de mi apertura y contestó mi petición. Era vivificante y conmovedor saber que a Dios le importaba lo suficiente como para responder a mi oración específica, y aun media sangrona y mordaz, de una manera tan única e inesperada. Su bondad, delicada gentileza y amor incondicional estaban todos envueltos en este singular momento. Por primera vez me hizo saber que aún había esperanza para una desdichada como yo.

Me enfrentaba a la dura verdad de cuán perdida realmente estaba y cuánto me había hundido en el sucio pecado. Sin embargo, la gracia de Dios fluía sobre mí y yo no podía evitar abrazarla. *Sentí* su misericordia. No me sentí avergonzada, rechazada, señalada, ni condenada. Me sentí *amada*. Por esto no me pude contener y lloré. Lloré como una niña que después de caer al suelo quedó golpeada, maltratada y amoratada. Esa niña en mi interior alzó sus manos a Dios en total rendición, como a un Papá grande y fuerte. Pude sentirlo levantarme del polvo, tomarme en sus enormes y cálidos brazos, y sostenerme en un abrazo prolongado mientras sollozaba, diciendo: *"Ay, mi hijita amada. Cuánto lo siento. Te has lastimado terriblemente. Pero ven, déjame limpiar tus heridas, sanarte, y hacer que puedas correr libre otra vez".*

Luego de alrededor de una hora, todavía estaba recibiendo palabra de Dios a través de aquella mujer. Aún estaba temblando, sobrecogida y conmovida en gran manera por tan grande amor, misericordia y gracia. En este punto, mi cuerpo se hallaba doblado hacia delante bajo un peso invisible que traía cada palabra, casi de rodillas. No podía contenerme al sentir el flujo de la sangre de Cristo lavándome de lo sucio desde adentro hacia fuera. Cerca de terminar este encuentro, Dios me habló algo que me forzó a tomar una decisión, la más grande e importante de mi vida.

Yo le había dado un ultimátum a Dios esa noche y Él, con su gran humor, me respondió con uno suyo, y me dijo: "Hoy pongo delante de ti dos caminos para que escojas ahora, y vivirás el resto de tu vida de acuerdo con tu decisión. El primer camino es el de mi corazón y mi voluntad para tu vida. En este, cada una de mis promesas se cumplirá en ti. Si sigues mi camino, Yo sanaré tu corazón, te restauraré y te levantaré como un ejemplo de lo que mi amor puede hacer, que puede tomar algo quebrado y desecho, y hacer algo nuevo y hermoso para mi gloria. Si sigues mi camino para tu vida, Yo te llevaré a las naciones. Dirigirás miles hacia mí y ellos me hallarán y serán salvados, sanados y restaurados. Me verán a mí, en ti, y sabrán que yo soy real. Cuando cantes, sanaré los corazones de piedra y abriré los cielos mientras diriges a otros hacia mi Presencia. Y Yo sanaré cada una de tus heridas y no quedará rastro de ese pasado que te causa tanto dolor. Mientras te levanto y continúas haciendo mi voluntad, Yo proveeré para todas tus necesidades. Proveeré el pan para tu alimento, tu vestimenta, y cada recurso que te haga falta para hacer mi voluntad. Mis bienes serán tus bienes, pues Yo seré tu Padre y tú, mi hija.

"Nuestra relación crecerá y se estrechará, más de lo que jamás hayas imaginado. Yo guiaré cada paso y no permitiré que seas confundida o engañada. Nos acercaremos tanto que habrá momentos en donde tú hablarás y Yo haré, y Yo hablaré y tú harás. Habrá ocasiones en que no habrá necesidad de palabras, porque ya sabrás bien cuál es mi voluntad. Nuestros deseos se harán en uno. Nuestros corazones se sincronizarán, latiremos al mismo ritmo, y caminaremos al mismo paso. Este es mi camino, un camino perfecto que Yo he diseñado sólo para ti. Mi deseo es que elijas este camino, y si lo haces, mi Presencia irá contigo todos los días de tu vida hasta el fin".

Estas palabras reverberaron en mi corazón como el sonido más dulce que jamás haya escuchado. Yo anhelaba justamente eso, que Dios irrumpiera, tomara el control, y arreglara mi vida teniendo sumo cuidado de mí. Mientras sentía que algo en mí deseaba abalanzarse hacia lo que decía, Él continuó diciendo: "En cambio hay otro camino. Es el camino de tu corazón y de tu voluntad para ti misma. Tienes un gran corazón que es muy sensible, pero tu corazón te engaña. Has seguido lo que te dicta tu engañoso corazón por todo este tiempo, lo que te ha traído al camino el cual te encuentras ahora. Si continúas en este camino, algunas cosas definitivamente irán de acuerdo a tus deseos terrenales. Te he dotado con dones, talentos y el poder de conquistar tus sueños. Por esta razón, en este camino podrás alcanzar tus metas y escalar grandes alturas en tu carrera. Llegarás a tener la fama que tanto deseas, y con esa fama tendrás mucha fortuna. Cientos de miles de personas te conocerán y te seguirán. Cantarán tus canciones, vendrán a tus espectáculos, harán lo posible por imitarte, y te idolatraran considerándote una diosa de esta generación. Todo lo que deseas en este mundo vendrá a ti. Y Yo te guardaré, sólo porque se lo he prometido a tu madre". Luego continuó con firmeza: "Pero hoy te digo, si escoges el camino de *tu* corazón y tu propia voluntad, mi presencia no irá más contigo".

Escuchar estas palabras: "Mi presencia no irá más contigo", perforó lo más profundo de mi corazón, y penetró hasta traspasar el centro de mi ser. De repente un dolor agudo y profundo se disparó a través de mí hacia cada sentido, espiritual, emocional, y hasta físico. Fue como si un millón de dagas apuñalaran mi corazón. De inmediato, sentí una terrible desesperación por apoderarse de mí. Creí que mi pecho iba a estallar y desangrarse, y la más horrible noción me pegó un fuerte golpe como una tonelada de carbones encendidos que abrazaban mi interior.

En ese momento descubrí la magnitud de la desesperanza, la desesperación, la impotencia y la desolación que sienten aquellos que cruzan hacia la eternidad sin Dios. Sentía que si me aferraba a mi manera de vivir un momento más, seguramente moriría. El solo pensar en una vida vacía de la Presencia de Dios se volvió la idea más aterrorizante que jamás

> Sentía que si me aferraba a mi manera de vivir un momento más, seguramente moriría.

pudo haber pasado por mi mente: *"¿Cómo podría sobrevivir sin su Presencia? Simplemente ¡no puedo!"*. Era la voz de mi espíritu, y lo escuché en mi interior gritar: *"¡Noooo! ¡Oh, Dios, no puedo vivir sin tu presencia! Haré lo que sea. Lo que tú digas, lo que tú pidas. Yo…¡me rindo! Rindo mis sueños y todos mis deseos. ¡Ya nada de eso me importa! Puedes quitarme todo, pero te lo ruego, ¡no te lleves tu Presencia! Yo elijo tu camino. Escojo seguir tus pasos, pero por favor, ¡quédate! Yo no puedo vivir sin tu Presencia…y ¡no quiero vivir sin tu Presencia! Me entrego a ti. Por favor, no me quites tu presencia! ¡Por favooooor!"*.

Ese día, a mediados del mes de agosto del 2003, Dios había hecho una cita divina conmigo y me visitó de una manera sobrenatural. Llegó tal y como yo se lo había pedido. Sí, mi vida cambió para siempre. Mas no fue por causa de dar un paso más cercano en dirección a la fama como yo lo había pensado, sino porque di un paso más cercano a mi Padre celestial. Tuve mi encuentro con el amor perfecto, redentor, abrasador, perdonador y restaurador de Dios. Ese día miré su gracia fijamente a los ojos, y me enamoré de mi Dios. Ese día, la hija pródiga regresó a casa. Nací de nuevo como hija del Dios vivo, del gran YO SOY. Ese día, fui perdonada y todos mis pecados fueron olvidados. Ese gran día, yo elegí el camino de Dios, y nunca volveré atrás.

———◆———

### El precio de la gracia

La gracia es el favor inmerecido que Dios derrama sobre nosotros. Es gratis para toda la humanidad. No podemos hacer nada para ganarla, y mucho menos para repelerla. No podemos adquirirla o producirla por nosotros mismos. Sabiendo esto, Dios nos la regala juntamente con su amor y su misericordia. De esta manera, nos ayuda a ser habilitados para poder recibir la salvación eterna y poder estar con Él para siempre.

La Biblia dice: *"Dios los salvó por su gracia cuando creyeron. Ustedes no tienen ningún mérito en eso; es un regalo de Dios"* (Efesios 2:8, NTV). La gracia es el regalo que nos lleva a la salvación, la cual es otro regalo para la cual necesitamos fe. Las Escrituras también dicen que: *"Y sin fe es imposible agradar a Dios, porque **es necesario que el que se acerca a Dios crea que él existe** y que es galardonador de los que le buscan"* (Hebreos 11:6,

RVA2015, énfasis añadido). En mi experiencia personal con la gracia (como ya pudiste leer), tuve que clamar a Dios creyendo que estaba ahí para que pudiera intervenir. Dios sabía por lo que yo había pasado. Él sabía cuánto lo necesitaba. Aun así, no pude tener un encuentro con Dios hasta el momento en que acepté la verdad de su existencia y le invité a entrar a mi vida. Luego de ejercer esta fe fue que hallé la salvación, la cual, a su vez, sólo pude hallar por gracia. Fue por la gracia de Dios que mi camino pudo interceptar con el de Él en el momento justo, preciso y perfecto. De no haber creído y aceptado que Él estaba ahí y que yo lo necesitaba, probablemente aún estaría perdida en mi propio mundo de autodestrucción, o quizás mucho peor.

Tal vez tú seas como fui yo. Puede que estés buscando maneras de ganarte la vida o la salvación mediante actos, esté o no la Presencia de Dios envuelta en ello. Tal vez sigues encontrándote en una recurrente frustración debido a que tu relación con Dios simplemente no está como quisieras que esté, o quizá ni siquiera tienes una relación con Él. Si ese es tu caso, puedo decirte lo que he aprendido al respecto. La mejor manera de agradar a Dios es teniendo fe en Él, confiando que siempre está ahí, y rindiendo tu vida ante Él. Es así, cuando reconocemos que no merecemos el amor y la misericordia de Dios, pero reconocemos cuánto necesitamos de Él para vivir, que mejor funciona la gracia.

## Verdadero arrepentimiento

Para que ocurra un encuentro con Dios como el que yo tuve, se necesita un catalítico que se llama *arrepentimiento*. Es muy fácil confundir el arrepentimiento con remordimiento. Ambos causan una convicción profunda en el corazón de que estamos mal, pero hay una diferencia importante entre los dos. El remordimiento proviene de un lugar de culpabilidad, mas el arrepentimiento, aunque trae consigo el reconocimiento de haber hecho algo mal, es una decisión de cambio. El arrepentimiento tiene como resultado la transformación, mas el remordimiento no.

En Marcos 1:15, Cristo nos dice: *"El tiempo se ha cumplido y el reino de Dios se ha acercado. ¡Arrepiéntanse y crean en el evangelio!"* (RVA2015, énfasis añadido). La palabra "arrepiéntanse" proviene del griego *metanoeó* que por definición significa "yo me arrepiento, cambio mi mente (cambio de manera de pensar), cambio mi ser interior (particularmente con lo que se refiere a la aceptación de la voluntad de Dios), y me arrepiento.[22] Es lo que ocurre cuando dices: "Ya no voy a vivir mi vida de esta manera, estoy cambiando de rumbo hacia otra dirección". Esto fue lo que me ocurrió cuando decidí no continuar siguiendo los sueños de mi propia voluntad y decidí seguir a Cristo, viniera lo que viniera.

Cuando cometemos pecado es muy común que este venga acompañado de remordimiento o sentido de culpa por las cosas que hemos hecho mal. No es raro ver a alguien que ha fallado llorando de remordimiento y pidiendo perdón, sólo para dar la vuelta y volver a hacer lo mismo por lo cual tanto pidió perdón. La verdad es que no podemos ser libres de nuestras fallas y pecados hasta que realmente nos arrepintamos y cambiemos nuestro rumbo, de modo que nos esforcemos por no cometer más esos pecados.

La decisión de cambiar el rumbo de nuestra vida es nuestra y sólo nuestra. Es algo que Dios no puede hacer por nosotros, pero sí nos puede inspirar a hacerlo. Creo firmemente que esa es la razón por la cual Dios me mostró los dos caminos que podría elegir para mi vida. Esto me ayudó a entrar en una perspectiva clara de adonde estaba y adónde podría terminar. Me ayudó a identificar que yo necesitaba cambiar mi manera de vivir para poder ser realmente libre. Estoy tan agradecida de que Dios en su gracia me ayudó a ver en dónde me encontraba y me inspiró a tomar la decisión correcta por mi salvación.

Puede que hoy seas tú quien te encuentres en el cruce de dos caminos en tu vida. Te aseguro que Dios te está llamando a ir más profundo en el camino que Él ha trazado para ti con tanto cuidado y dedicación. Él desea estar más cerca de ti. Quiere verte cumplir su propósito en tu vida. Él desea que tengas vida y en abundancia. La única manera de llegar ahí es mediante el arrepentimiento y la redirección hacia la voluntad de Dios por encima de la tuya. Después de todo, Él fue quien nos creó y es quien mejor nos conoce. Él sabe mejor que nadie cuál es el camino que debemos seguir para realmente abrazar su gracia, su salvación, y hacer prosperar tu camino en Él.

## Oración de gracia

Abrazar la gracia de Dios es algo maravilloso. Sin embargo, no siempre es fácil. Para acoger la gracia debemos rendirnos y llegar a saber que somos nada sin Dios. También debemos entender que no hay absolutamente nada que podamos hacer en la vida que pueda hacer que Dios nos ame más, ni que nos ame menos. Él es amor, y por ende simplemente nos ama y derrama de su gracia generosamente sobre nosotros. Lo mejor que podemos hacer es amar a Dios con todo y buscarle cada día más y más. Si estás buscando tu manera de abrazar la gracia de Dios y rendirte plenamente a Él, te invito a que hagas esta oración:

*Amado Padre celestial:*

*Vengo delante de ti reconociendo que soy nada sin tu amor. Te necesito para poder vivir, respirar, y convertirme en quien tú quieres que yo sea. Hoy, te rindo todo. Te doy mi ser por entero. Toma mi vida, mis sueños, mis metas, y mi pasado y muéstrame con claridad el camino hacia tu corazón y tu perfecta voluntad. Yo reconozco que no es por mis obras por las cuales obtengo salvación, sino por tu gracia, el favor inmerecido que con tanto amor me regalas. Me arrepiento de mis malos caminos. Ya no deseo mi propia voluntad, sino que la tuya sea hecha en mí. Enséñame a escuchar tu voz y seguir tu guía con humildad, para que yo pueda ir aún más profundo en tu corazón y conocerte más.*

*En el nombre de Jesús oro.*

*Amén.*

## Escrituras para sostenerte en gracia:

*"Dios los salvó por Su gracia cuando creyeron. Ustedes no tienen ningún mérito en eso; es un regalo de Dios".*
—Efesios 2:8 (NTV)

"*Así que acerquémonos con toda confianza al trono
de la gracia de nuestro Dios. Allí recibiremos
su misericordia y encontraremos la gracia
que nos ayudará cuando más la necesitemos*".

—Hebreos 4:16 (NTV)


"*Y ahora los encomiendo a Dios y al mensaje de su gracia,
que tiene poder para edificarlos y darles una herencia
junto con todos los que Él ha consagrado para sí mismo*".

—Hechos 20:32 (NTV)


"*Nosotros creemos que todos somos salvos de la misma manera,
por la gracia no merecida que proviene del Señor Jesús*".

—Hechos 15:11 (NTV)

# Capítulo 7

# RESISTIENDO LA TENTACIÓN

*"La habilidad de resistir la tentación es directamente proporcional a tu sumisión a Dios".*

—ED COLE (1922–2002)
MISIONERO, EVANGELISTA, FUNDADOR DE CHRISTIAN
MEN'S NETWORK (RED DE HOMBRES CRISTIANOS)[23]

HABÍA PURA FELICIDAD en mi corazón. Estaba enamorada como nunca lo había estado antes. No como con Romeo, ni con la música, ni con ninguno de mis sueños. Esta vez me había enamorado del Amor mismo. Finalmente había sido hallada por el Único que me podía llenar, satisfacer, entender, y mantenerme a salvo y en el camino correcto. Tenía esperanza y gozo otra vez. Había sido redimida y mis pecados quitados para siempre. Si dijera que me sentía liviana como una pluma, me quedaría corta.

Después de mi encuentro con Dios yo sabía que necesitaba un cambio de escenario para poder dejar atrás la doble vida que llevaba y comenzar de nuevo en el camino correcto de restauración y cercanía a Dios. Así que comencé a dar pasos hacia ese cambio. Ya había comenzado a experimentar la guía de Dios tal y como Él lo había prometido. Comencé a buscar a Dios verdaderamente, orando, leyendo su Palabra, y escuchando cuidadosamente cada Escritura, sermón, y canción de adoración que pudiera recibir. Estaba determinada a mantener mi curso hacia las profundidades del corazón de Dios. Mis caminos pecaminosos ya no serían el eje alrededor del cual tomaría mis decisiones.

Luego, poco después, la verdadera prueba comenzó. Así como de la nada, comencé a recibir llamadas de cada uno de aquellos con los que antes me juntaba para pecar. Yo dejaba que sus llamadas se fueran directo a los mensajes de voz, mas al escuchar los mensajes se me hacían sumamente atrayentes. Mi mente y cuerpo parecían estar jugándome bromas. Pensamientos impuros e inmorales, de orgullo y exigencias, ira y fricción, ineficiencia e ineptitud, temor y depresión, decepción y manipulación, desilusión y alcoholismo, suicidio, y hasta apetitos pecaminosos en los que nunca antes había incursionado, vinieron rugiendo, pulsando mi cerebro e intentando cambiar mi atención.

> Mis caminos pecaminosos ya no serían el eje alrededor del cual tomaría mis decisiones.

Pensé, *¿qué sucede? ¿Por qué todas estas cosas están viniendo a mí ahora, justo cuando estoy tan determinada a arreglar mi vida con Dios? ¿Por qué soy tentada con todo esto ahora?* En esos momentos de tanta debilidad y vulnerabilidad la opción que parecía más fácil era rendirme. Sin embargo, yo había decidido cambiar de rumbo hacia mi nuevo camino en Dios, que había prometido que lo seguiría. Corrí hacia Él en vez de a los deseos torcidos de mi corazón. Oré: "*Señor, ayúdame. Estas tentaciones se están volviendo demasiado difíciles de resistir. ¿Qué debo hacer? Señor Jesús, ven por favor*". Y al simple sonido de su nombre podía sentirle aquietando mi corazón con la impresión de una simple palabra: "*Resiste*".

Inmediatamente con esa palabra de su voz, mi interior respiró dulce paz y quietud. Pero aún no podía comprender completamente este escenario. Esto me frustraba al igual que lo hacía el rebote de los debates mentales que volaban alrededor de mi cabeza: *¿Resiste? ¿Cómo podré hacer esto? ¿Acaso no había más acerca de vencer que esto? ¿No se supone que debo pelear usando algo más fuerte? ¿Acaso no hay algún tipo de arma espiritual para vencer estos sentimientos y deseos?* Pensaba que había más que simplemente estar quieta y resistir. Aun así, escogí confiar que Dios cumpliría su promesa y le obedecí. Decidí resistir, sea como fuera.

La batalla se puso tenaz. El enemigo vino con olas de tentación, con pensamientos contrarios, y hasta con encontrarme "coincidentemente" con alguien de mi pasado que intentaba persuadirme hacia cosas que provocarían el regreso a hacia mis viejos caminos. Algunas noches tenía pesadillas en donde me veía cometiendo pecados horribles o atrapada viendo como un "loop" en ciclo repetitivo de imágenes de los peores pecados que había cometido. Juicios acusantes me apuntaban al centro de mi mente. Había un campo de batalla en mi cabeza. Trataba de arrodillarme a orar, pero siempre en el momento justo algo intentaba distraerme. Mas yo proseguía adelante solo con la ayuda del Espíritu Santo, con quien apenas comenzaba a relacionarme. Estaba decidida. Por primera vez en mi vida había elegido resistir por seguir al Dios a quien amaba, no importaba nada más. ¡Yo *no* iba a rendirme! Mientras más me sentía atormentada por pensamientos y recuerdos de mi pasado, más ponía mi confianza en Dios. Había una sola constante en esta batalla mental y espiritual: Dios me amaba tanto como para rescatarme, por tanto yo *no* retrocedería.

Una tarde recibí una llamada de una amiga que había estado orando por mí desde que se enteró de mi ruptura con Romeo. No habíamos conversado en mucho tiempo. Mi cumpleaños se acercaba. Ella lo sabía y me llamó para ver cómo estaba y así ponernos al día con nuestra vida. Me compartió que por un tiempo había estado sintiendo en su espíritu que yo no estaba bien y necesitaba orar por mí. Llevaba meses intercediendo por mi vida. Asombrada de escuchar esto, le hice un recuento de las buenas noticias de mi encuentro con Dios. Podíamos escuchar nuestras voces entrecortarse y los respiros llorosos al otro lado del teléfono. Eran lágrimas de gozo. Yo era salva, verdaderamente salva esta vez. Ella me invitó a pasar por su iglesia ese viernes, y yo con gusto acepté.

Al llegar el viernes fue uno de esos días que todo te sale mal. Mi cuerpo no pudo haberse sentido más pesado para levantarme esa mañana, y el resto del día fue igual. Enfrenté tentaciones, malos pensamientos, y hasta discusiones fuertes a lo largo del día. Casi cancelo mis planes de ir a la iglesia de mi amiga, pero sentía algo en mi interior que me provocaba la necesidad, casi una urgencia de ir. Sabía que si tan sólo resistía un poco más sería bendecida, si iba. Así que nadé contra la corriente de mi día, y al llegar la noche, llegué allí. Salí de mi carro y me dirigí a una gran carpa la cual usaban como santuario, y escuché que estaban adorando. Caminé hacia adentro mirando a todos lados, anonadada por la fuerte Presencia de Dios que se sentía en ese lugar, y también buscando a mi amiga.

Un ujier, que debe haber visto mi mirada divagante y confundida, me preguntó si necesitaba ayuda. Le dije quién me había invitado y él la conocía, así que me dirigió hacia donde ella estaba. Al llegar al asiento me planté allí de raíz y me sumergí en la calidez de la luz espiritual que emanaba en aquel lugar. Había algo diferente a lo que yo estaba acostumbrada. La música era más alta y los adoradores eran más apasionados que en las iglesias que había visitado antes. Más importante aún, sentí la Presencia de Dios tan cerca de mí que casi pensaba que podía estirar mi brazo y tocar su rostro. En medio de todo esto el pastor tenía el micrófono en mano adorando y cantando también. Esto era algo tan nuevo para mí. Revolucionó mi pensar y me dije a mí misma: *"¿Un pastor que no espera que le "entreguen" su parte, sino que se suma a la adoración con el resto de la iglesia?".*

Como si hubiese escuchado mi pensamiento, el pastor se volteó y vino directo hacia donde yo estaba. Al llegar comenzó a hablar lo que escuchaba al Señor hablarle acerca de mí. ¡Dios me habló otra vez! Me dijo de las cosas grandes que tenía reservadas para mí, y cómo estaba complacido con mi decisión de resistir al diablo, y que Él no me había dejado, sino que estaba habilitándome para ser restaurada por completo. La gloria de Dios era densa a mi alrededor. Por un momento sentí como si nadie, además de Él y yo, estuviera alrededor bajo esa bonita carpa. Cuando recobré mi compostura y abrí mis ojos que habían inundando mi rostro con lágrimas, había varias personas que me rodeaban, listas para abrazarme. Me sentí amada y no rechazada. Por primera vez sentí que estaba bien ser yo misma y estar justo donde estaba en mi proceso, porque Dios estaba ahí mismo junto a mí. En ese instante eché un buen vistazo a mi alrededor y entendí algo. Me dije a mí misma: *"Esto no parece una iglesia; se siente como una…familia".*

———————◆———————

## Precaución: ¡Fantasmas en la puerta!

El pasado tiene una manera muy peculiar de perturbarnos. Más aún cuando nos arrepentimos de nuestro estilo de vida y tomamos decisiones en pro de una vida mejor. Proseguir hacia adelante es aún más cuesta arriba cuando hemos cometido graves errores en nuestro pasado. Para mí, la parte más difícil era luchar con la vergüenza y la culpa por mis pecados pasados. A veces sentía como si mi mente estuviera sufriendo un intenso embate y no podía pensar en nada más que lo que había hecho.

Esta batalla mental usualmente venía de dos formas. La primera era un fuerte sentido de culpa por mis pecados. Este intentaba empujarme a pensar que nada de lo que yo pudiera hacer me acercaría más a

Dios. Casi me convencía de que yo había echado a perder cada oportunidad que tuve de tener comunión íntima con Él. Era una manera sutil en la que disparaba para derribar mi valor propio para hacerme resignar y revertir a viejos comportamientos. La segunda, por otro lado, era más directa. Venía en forma de pensamientos seductores que me recordaban "que rico se sentía" hacer lo que yo quería hacer. Siempre venía acompañado de inclinaciones carnales y una abundancia de las palabras "yo", "mi" o "mío".

Como leíste en líneas anteriores, yo estaba enfocada en obedecer a Dios y solamente resistir. No fue algo fácil de hacer. Aun así, al hacer esto aprendí a permitirme ser guiada por el Espíritu Santo para salir airosa de este conflicto interno. El Señor me dirigió a su Palabra para entender lo que realmente sucedía conmigo durante esa temporada inicial de mi restauración. La Biblia habla acerca de lo que le sucede a una persona que es libertada de la influencia de espíritus que operan maldad en su interior:

> "*Cuando el espíritu inmundo ha salido del hombre, anda por lugares secos buscando reposo, y no lo encuentra. Entonces dice: 'Volveré a mi casa de donde salí'. Cuando regresa, la halla desocupada, barrida y adornada. Entonces **va y trae consigo otros siete espíritus peores que él**. Y después de entrar, habitan allí; **y el estado final de aquel hombre llega a ser peor** que el primero. Así también sucederá a esta perversa generación*".
> —Mateo 12:43–45, rva2015,
> énfasis añadido

Es tan importante entender esta Escritura cuando estamos persiguiendo una vida justa. Cuando no tenemos a Cristo como Rey y Salvador de nuestra vida, estamos bajo el dominio del reino opositor de satanás, al cual nos ata al pecado. Cuando venimos a Cristo y le entregamos nuestra vida, dejamos de ser esclavos de nuestros pecados, nuestros pasados, y la influencia de espíritus de las tinieblas. Al recibir a Jesús en el corazón y proclamarle como nuestro Salvador, el Espíritu Santo vienen a morar en nosotros (Romanos 8:9), el perfecto amor de Dios echa fuera el temor (1 Juan 4:18), y el pecado es borrado por la sangre de Jesucristo (Apocalipsis 1:5). De esta manera, rendirnos a Cristo hace que nuestra vida sea *vaciada* del pecado, barrido el polvo del pasado, y *puesta en orden* por el Espíritu Santo, como dice Mateo 12.

Cuando invitamos a Jesús a entrar en nuestro corazón, los espíritus impuros de maldad que tenían atada nuestra vida, son echados fuera, pero seguramente querrán regresar. Por cierto que no les será fácil volver a ocupar su lugar anterior. Por eso es que vienen con otros más fuertes y malévolos que ellos para tratar de forzar su entrada a nuestra vida y volver a atarnos al pecado. A su vez, hacen que sea siete veces más difícil erradicarlos la segunda vez. Esta es la razón por la que creo que el Señor me instruía a que resistiera. De haber sucumbido ante mi pasado y pecados, se hubiera abierto una puerta para que estas influencias espirituales tomaran control de mi alma otra vez, y hubiera sido aún más difícil el ser libre de nuevo.

Otra lección que aprendí fue que la resistencia es la pieza central del éxito en la guerra espiritual. Algunos tienden a pensar en la guerra espiritual como igual a la física. Pero cuando se trata de la batalla en el espíritu, no usamos las mismas estrategias y armas que con la guerra física. Realmente no hay armamentos tangibles y materiales con los que podamos maniobrar para deshacernos de nuestros enemigos espirituales. En Efesios 6:12 podemos ver una perfecta ilustración de esto:

> "*Porque* **nuestra lucha no es contra sangre ni carne,** *sino contra principados, contra autoridades, contra los gobernantes de estas tinieblas,* **contra espíritus de maldad en los lugares celestiales**".
>
> —RVA2015, énfasis añadido

También 2 Corintios 10:3–6 habla más explícitamente del tipo de armas que *no* son efectivas espiritualmente:

> "*Pues aunque andamos en la carne, no militamos según la carne;* **porque las armas de nuestra milicia no son carnales** *sino poderosas en Dios para la destrucción de fortalezas.* **Destruimos los argumentos y toda altivez que se levanta** *contra el conocimiento de Dios;* **llevamos cautivo todo pensamiento a la obediencia de Cristo**, *y estamos dispuestos a castigar toda desobediencia, una vez que la obediencia de ustedes sea completa*".
>
> —RVA2015, énfasis añadido

Ahora bien, en estas dos escrituras podemos ver contra quién peleamos y que nuestras armas no son físicas. Pero la pregunta que queda es, ¿qué arma *sí* es efectiva? Más aún, ¿cuál es la *mejor* arma contra el enemigo? Aquí es donde se pone bueno. El Señor me enseñó algo que por un momento me robó el aliento. La Escritura en Santiago 4:7 contiene la llave:

*"Sométanse, pues, a Dios. **Resistan al diablo**, y él huirá de ustedes".*

—rva2015, énfasis añadido

No sé de ningún otro lugar en la Biblia donde hable acerca de otra cosa, además de resistir en sumisión, que sea lo suficientemente poderosa como para causar que el enemigo huya de nosotros. Es cuando nos sometemos a Dios que somos capacitados por Él para resistir la tentación. Es por su poder en nosotros que podemos estar firmes contra las artimañas del diablo. No podemos estar de pie contra el enemigo a solas. Somos simples humanos débiles. Mas en nuestra debilidad, Dios es fuerte (2 Corintios 12:9–10), y cuándo admitimos nuestra debilidad le damos lugar a que Él sea aún más fuerte en nosotros.

## La regla de oro para resistir exitosamente

Es muy bueno saber el "quién, qué, por qué y dónde" de nuestras situaciones para poderlas vencer. Pero si eres como yo, entonces el "cómo" es de extrema importancia a la hora de movilizar tus pasos hacia la libertad. ¿Cómo entonces podemos resistir la tentación y darle la espalda del pecado? Esto es lo que discutiré en las próximas líneas.

Es cierto que como humanos estamos viviendo en un mundo lleno de pecado, y muy a menudo nuestras inclinaciones son hacia comportamientos de pecado más que hacia comportamientos justos o puros. En Romanos 7:15–25 el apóstol Pablo habla a los Romanos de la ley (las reglas de Dios) en contraste con nuestros deseos carnales. Dice:

*"Realmente no me entiendo a mí mismo, porque quiero hacer lo que es correcto pero no lo hago. En cambio, hago lo que odio. Pero si yo sé que lo que hago está mal, eso demuestra que estoy de acuerdo con que la ley es buena. Entonces no soy yo el que hace lo que está mal, sino el pecado que vive en mí.*

*Yo sé que en mí, es decir, en mi naturaleza pecaminosa (mi car-*
*ne) no existe nada bueno.* **Quiero hacer lo que es correcto, pero**
**no puedo.** *Quiero hacer lo que es bueno, pero no lo hago.* **No**
**quiero hacer lo que está mal, pero igual lo hago.** *Ahora, si hago*
*lo que no quiero hacer, realmente no soy yo el que hace lo que está*
*mal, sino el pecado que vive en mí.*

*He descubierto el siguiente principio de vida: que cuando quie-*
*ro hacer lo que es correcto, no puedo evitar hacer lo que está mal.*
*Amo la ley de Dios con todo mi corazón, pero hay otro poder den-*
*tro de mí que está en guerra con mi* **mente.** *Ese poder me esclaviza*
*al pecado que todavía está dentro de mí. ¡Soy un pobre desgracia-*
*do! ¿Quién me libertará de esta vida dominada por el pecado y la*
*muerte? ¡Gracias a Dios!* **La respuesta está en Jesucristo nues-**
**tro Señor.** *Así que ya ven: en mi mente de verdad quiero obede-*
*cer la ley de Dios, pero a causa de mi naturaleza pecaminosa, soy*
*esclavo del pecado".*

—NTV, énfasis añadido

Vivimos en un mundo corrompido por el pecado. Nuestra carne está adherida a este mundo, porque no es otra cosa sino barro animado, tierra de esta tierra hecha vida por el aliento de Dios. Por cuanto no hemos sido librados de este mundo terrenal todavía, no hasta que habiendo aceptado a Cristo muramos en cuerpo y vayamos al cielo, nuestro estado humano nos hace propensos a pecar, porque el pecado está conectado directamente con nuestra carne.

Ahora, la ley de Dios, los 10 mandamientos (Éxodo 20) por ejemplo, nos da una guía a seguir para poder mantenernos lejos de las tendencias naturales del pecado. Hasta que llegue el día en que vayamos a nuestro hogar celestial y ya no tengamos que batallar más con el pecado, estamos sujetos a tropezar en nuestras iniquidades y fallar. Es muy común oír a gente decir que es "tan difícil" seguir a Dios y no pecar. Como figura pública constantemente hay gente que se acerca a mí y me preguntan: *"¿Cómo es que puedes mantenerte cerca de Dios y vivir una vida pura para Él?"*. Siempre respondo con la clave que descubrí mientras aprendía a depender de Dios y acudir siempre a Él: Ama a Dios y ama la gente.

La Palabra de Dios dice en Marcos 12:29–31:

*"Jesús contestó: —el mandamiento más importante es: "Escucha Israel! El señor nuestro Dios es el único señor.* **Ama al Señor tu Dios con todo tu <u>corazón</u>, con toda tu <u>alma</u>, con toda tu mente y con todas tus <u>fuerzas</u>.***" El segundo es igualmente importante:* **"Ama a tu <u>prójimo</u> como a ti mismo.***" Ningún otro mandamiento es más importante que estos".*

—NTV, énfasis añadido

Piénsalo, cuando amas a alguien, realmente, profundamente y enteramente, te esfuerzas por complacer a esa persona. He visto gente que por amor a alguien cambia su vida simplemente para acomodarse lo que la persona amada prefiere. De la misma manera cuando amamos a Dios. El mayor poder que tenemos para resistir la tentación y mantenernos lejos del pecado viene cuando estamos enamorados de Dios y decidimos amar a otros.

Cuando realmente amamos a Dios, hacemos todo lo posible y necesario para asegurarnos de que Él esté complacido con nosotros. Cuando realmente amamos a otros (sea que lo merezcan o no) hacemos lo posible por no pecar contra ellos tampoco. La clave para el éxito en resistir la tentación y el pecado, es amar a Dios y amar a la gente tanto, que nuestro amor por ellos provoque que queramos mantenernos lejos de la posibilidad de pecar contra ellos.

Tal vez estás leyendo esto, y pensando: *"¿Cómo puedo yo amar a Dios tanto así?"*. La respuesta es simple: Nutre tu relación con Dios todos los días para que puedas enamorarte más de Él. Esto se logra así: Habla con Dios, lee su palabra, y camina con Él involucrándolo en tu día como lo harías con el amor de tu vida.

## Ora para resistir la tentación

Todos pasamos por tentación en la vida. Hasta Jesús mismo pasó por tentaciones en su caminar por esta tierra. Él sabe mejor que nadie lo que significa enfrentar debilidades y vencer. Agarrarse bien de Dios es la mejor manera de vencer y no fallar. Cuando pases por la tentación, te animo que hagas una oración como esta:

*Amado Jesús:*

*Gracias por abrir mis ojos a la verdad de tu amor por mí. Reconozco que solo soy humano y necesito de ti para vencer mis debilidades y mis fragilidades. Me vuelvo a ti, porque Tú sabes lo que es vivir en este mundo lleno de pecado y vencer. Por esto hoy elijo mantener mi mente en ti y en tu plan para mi vida y no en mi propia voluntad. Escojo seguir tus deseos y no mis deseos terrenales. Me rindo otra vez a tu voluntad y te pido Espíritu Santo, que me guíes a toda verdad. Rindo mis pensamientos, mis deseos, mis acciones, y mi futuro ante tu voluntad otra vez. Y confieso que te amo Señor, más que cualquier cosa. Ayúdame a enamorarme más profundamente de ti, y amar a otros tal y como a mí mismo, y así mantenerme lejos del pecado y más cerca de ti.*

*Jesús, oro esto en tu nombre.*

*Amén.*

## Escrituras para sostenerte en medio de la tentación:

*"No les ha sobrevenido ninguna tentación que no sea humana; pero fiel es Dios, quien no los dejará ser tentados más de lo que ustedes pueden soportar, sino que juntamente con la tentación dará la salida, para que la puedan resistir".*

—1 Corintios 10:13 (RVA2015)

*"Resistan al tal estando firmes en la fe, sabiendo que los mismos*
*sufrimientos se van cumpliendo entre sus hermanos en todo el*
  *mundo.*
*Y cuando hayan padecido por un poco de tiempo, el Dios*
  *de toda gracia, quien los ha llamado a su eterna gloria en*
  *Cristo Jesús,*
*Él mismo los restaurará, los afirmará, los fortalecerá y los*
  *establecerá".*

        —1 Pedro 5:9–10 (RVA2015)

*"Sométanse, pues, a Dios. Resistan al diablo, y él huirá de ustedes".*

        —Santiago 4:7 (RVA2015)

*"Velen y oren para que no cedan ante la tentación,*
  *porque el espíritu está dispuesto, pero el cuerpo es débil".*

        —Mateo 26:41 (NTV)

# Capítulo 8

# RESTAURACIÓN Y SANIDAD INTERIOR

*"Cuando Dios perdona, Él al mismo tiempo restaura".*
—THEODORE EPP (1907–1985)
Clérigo, escritor, y evangelista radial
estadounidense[24]

*"Somos cocreadores de nuestro destino junto con Dios.*
*Dios guía, pero nosotros tenemos que escoger dejar que Dios dirija".*
—DR. CAROLINE LEAF
Neurocientífica cognitiva, autora, oradora[25]

HABÍA ENCONTRADO UNA iglesia a la que podía llamar hogar. Sabía en mi espíritu que allí podía crecer más fuerte en mi fe y en mi relación con Dios. No era un lugar donde me necesitaran en el liderazgo ni tenían expectativa alguna puesta sobre mis hombros. No tenía que preocuparme por nada, excepto por amar a Dios. Resultó ser que el ujier que me recibió en la entrada era alguien a quien había conocido de pasada hacía mucho tiempo. Él había sido el jefe de mi mejor amiga hacía cinco años. Fue refrescante ver un rostro familiar entre todos aquellos en ese nuevo lugar que nunca había visto antes.

Mi amiga y su novio me invitaron a ir con ellos y con otros jóvenes de la iglesia, a un restaurante a cenar esa noche. Estaba indecisa si debía ir, ya que la idea de servir de "chaperona" no era muy atractiva para mí. Pronto, mi interés cambió cuando el ujier a quien conocí, que resultó ser también el hermano del pastor, dijo que iría. Al menos ahora tendría con quien hablar, además de la pareja muy enamorada que me había invitado. Después de Romeo, ser testigo de cualquier muestra de afecto de parejas me hacía sentir incómoda y me traía recuerdos dolorosos. Así que me mantenía lejos de ello tanto como podía.

Al llegar al restaurante, hallamos que ya no había espacio para nosotros en la gran mesa que habían separado para el grupo. Así que resignados nos fuimos a una mesa solo para cuatro ubicada en un rincón. Mi amiga se sentó a mi lado y comenzamos inmediatamente a ponernos al día a continuación de nuestra última conversación. Tenía el tema de la redención, la esperanza, y el gozo del Señor en la punta de la lengua a cada instante. También, la manera en que Dios me había hablado en la iglesia esa noche me tenía completamente anonadada. Hablamos acerca de todo lo que podríamos pensar. Las lágrimas se asomaron cuando hablábamos de las dificultades, nos abrazamos muchas veces y luego reímos con gozo por la esperanza que había sido renovada en mi vida por la gracia de Dios.

Entonces, como con todas las chicas que no conversan con sus amigas desde hace tiempo, la pregunta llegó. Me tomó por sorpresa en medio de tanta charla de tema espiritual. Con mucha amabilidad pero mucho interés, ella me preguntó: "Entonces Christine, ¿cómo está el asunto en el departamento del amor?". Hubo una pausa. Sentí como si un nudo enorme se formara dentro de mí, apretando mis entrañas. Por un instante, cada cabello de mi cuerpo se erizó como felino alistándose para atacar. En menos de un segundo mi boca simplemente regurgitó con odio. "¡Espérate un minuto!" Miré profundamente en sus ojos casi tratando de hallar su misma alma para sacársela de un jalón. "Sé lo que está pasando aquí, ¡y eso no va conmigo!", dije mientras giraba volteando mi mirada de un lado para otro a cada uno de los que estaban sentados conmigo en la mesa. "Déjame decirte algo. Los hombres son unos sucios, y están en busca de una sola cosa de la mujer, ¡algo que yo no estoy dispuesta a dar!". Entonces me giré para mirar al único en la mesa que estaba "soltero y sin compromiso". Con mi dedo índice alzado al nivel de sus ojos dije: "Y…no es nada personal *Carlos*, pero tú eres hombre, y eso va para ti también. Así que, por si acaso te estás haciendo de alguna idea, ¡no me interesa nada contigo ni con nadie!". Inmediatamente miré nuevamente hacia mi amiga y le dije: "Ahora por favor, cambiemos el tema", seguido por un inevitable e incómodo silencio que reinó sobre nuestra mesa. Demás está decir que el tema no se volvió a tocar.

Dos días más tarde ella me llamó. Era mi cumpleaños y habíamos hecho planes para encontrarnos junto con los jóvenes de la iglesia para un pequeño e improvisado tiempo de "cumpleaños feliz". Al final no pude llegar debido a que mi dulce familia y amigos me prepararon una celebración sorpresa. En medio de contarle todo acerca de mi feliz noche, su teléfono quedó sin carga y se apagó. Breves momentos después ella me llamó nuevamente de un número extraño, por supuesto del teléfono del primero que amablemente se lo prestó para volver a llamar. Luego de terminar de desearme bendiciones de cumpleaños ella dijo: "Ah, por cierto, Carlos te manda a decir que 'feliz cumpleaños'. Él fue el que me prestó su teléfono para llamarte nuevamente".

Sentía que un plan estaba desenvolviéndose. Y pensé: "*¡Oh Dios! ¿Qué está haciendo? ¡Ahora mi número de teléfono está en el celular de este tipo!*". Pero claro, yo no quería arruinar un día perfecto discutiendo con mi buena amiga. Así que, dirigí toda mi agresión interna a otro lugar, desviándolo hacia mi nuevo chivo expiatorio, Carlos. "Carlos dijo que me dijeras ¡¿qué?! ¿Cómo fue que criaron a este tipo? ¿Acaso su mamá no le enseñó buenos modales? Le puedes decir que los deseos de cumpleaños no se envían. Cuando se puede, ¡son dados en persona!". Siempre pacificadora, pude escucharla repitiéndole lo que dije a Carlos, pero claro que en un tono mucho más amable y menos agresivo. En un instante, él estaba en el teléfono, pidiendo disculpas por algo de lo que él ni siquiera era culpable. A la misma vez, sin saberlo, me pedía perdón por el dolor de mi alma, el cual no tenía nada que ver con él.

Mi actitud muy pronto se calmó al sonido del tono tranquilo de su voz diciéndome: "Lo siento. Es que no quería interrumpir su conversación. Yo sé que han estado redimiendo el tiempo. Pero, ¡feliz cumpleaños! ¿Cómo fue tu día?". En ese momento no pude evitar notar que este chico seguía siendo amable conmigo, aun después de todo lo que le disparé la otra noche. Un poco titubeante, como animal atrapado que sale por primera vez de una jaula, lentamente comencé a decirle cómo fue mi día. En poco tiempo el gozo de la celebración se apoderó de la conversación y yo estaba sonriendo. Entonces, la charla se convirtió en una conversación real que continuó.

Cuatro horas después, finalmente terminamos la llamada al aviso de que su teléfono estaba a punto de morir. Luego de decir adiós y colgar, me quedé mirando mi celular detenidamente con mil signos de pregunta en mis ojos. Nunca había tenido una conversación placentera y neutral con un chico que acababa de conocer sin que hubiese otro interés en su agenda.

Esto ciertamente era nuevo, raro, y muy extraño para mí. No podía evitar pensar, *¿quién es este chico?* Sentí algo en mi interior, una chispa de esperanza. Estaba viendo que tal vez no todo estaba perdido en mi corazón, que en este chico podía tener un buen amigo. Antes de dormir, esa noche le dije al Señor: *"Padre, sabes que no deseo relacionarme con nadie, excepto contigo. Temo que si abro mi corazón seré herida otra vez, y corro el riesgo de alejarme de ti nuevamente. Por favor, no permitas que mi corazón sea engañado. No quiero novio, pero… si esa es tu voluntad, que sea con quien será mi esposo. Y por favor, dímelo claramente y sin lugar a dudas".*

A la semana siguiente nos encontraríamos con los jóvenes de mi nueva iglesia. Iríamos a ver la hermosa bahía bioluminiscente *La Parguera* en Lajas, Puerto Rico. Al llegar a nuestro punto de encuentro, fui sorprendida al saber que todos habían cancelado, excepto los mismos cuatro que cenamos juntos hacía varias noches: mi amiga, su novio, Carlos y yo. Sentí un frío bajar por mi espina de solo pensar que tal vez lo habían planificado así para forzarme a pasar tiempo a solas con Carlos. Aunque no fue de esa manera, las circunstancias casi me obligaban a pensar lo contrario, ya que nos tocó a todos salir juntos en su auto, la pareja atrás, y yo al frente al lado del conductor, quien tendría que sufrir mi ruda frialdad todo el camino. Cada gesto amable de su parte fue recibido con disparos emocionales en forma de palabras tajantes o malas miradas. Pero ante todo, me sorprendió cómo a pesar de mi actitud defensiva, la suya no cambió.

Recordar la conversación extensa de la otra noche y combinarla con los recientes sucesos de ese día, provocaron que mis pensamientos chocaran unos con otros. Veía a un joven de muy buen parecer, muy buena actitud, buena crianza y buena relación con Dios, pero también veía todas las heridas que aún tenía en mi corazón que debía sanar.

Al llegar al bote que nos llevaría a la bahía, mi amiga y su novio se fueron al rincón contrario donde estábamos. Ahí me encontré en un incómodo aprieto. *¿Qué voy a hacer con todo este tiempo en este bote tan vacío y con este chico, a solas?*, pensé. De inmediato resolví que iría a mirar la bahía desde el barandal superior. Él, como todo un caballero no me dejó ir sola. Ante esto pensé: *Mejor paso el tiempo conversando, a ver si pasa más rápido.* Y eso hicimos. Comenzamos a conversar mientras nos inclinábamos sobre la baranda para ver el agua fosforescente. Varios minutos después pasó lo mismo que aquella noche. La conversación pareció tomar su propio rumbo. Hablamos de vida, fe, Biblia y futuro, y en ningún momento me sentí asfixiada por la idea de que este chico estaba persiguiendo una relación amorosa conmigo. Sentía que con él podía ser yo, sin tener que aparentar para impresionarlo.

En un momento dado, la lancha en la que estábamos se detuvo en medio de la bahía. En la quietud de la noche se escuchaban el murmullo del mar. Y en medio del tema del futuro y el llamado de Dios en nuestra vida, miré a Carlos. La luna llena detrás de él hacía que se formara su silueta frente a mí en perfecto acorde con un cielo despejado y el reflejo de la luna en la superficie plateada y ondulante del agua. Y ahí sucedió algo sorprendente. Escuché la voz del Espíritu Santo, audible y clara. Me habló en un tono en el que no le había escuchado hablarme antes. Me habló un tanto sarcástico como queriendo señalar algo obvio y podía escuchar una sonrisa en sus palabras mientras me dijo: "*¡He aquí el padre de tus hijos!*".

De inmediato sentí que mis ojos se abrieron, tanto física como emocionalmente. ¡Dios había contestado otra oración más! Sentí como si un velo de temor me había sido arrancado y por primera vez pude ver a Carlos, el hermoso hombre que tenía de frente hablándome de cuán seguro estaba de que Dios lo llevaría a ministrar al corazón de tantos. Al llegar de nuevo a puerto, miré al lado y vi luz. No sólo la luz artificial del paseo entablado que ahora me dejaba ver su rostro más claramente, sino luz en mi corazón. Fue como si lo viera por primera vez. El castaño de su cabello me parecía bronce pulido. El gris verdoso de sus ojos me deslumbraba con cada pestañar que alcanzaba ver. Su hermosa sonrisa y contagiosa risa me hacía sentir que el mundo se detenía cada vez que reía. Y su alta estatura y fuerte figura me hacía querer estar cerca de él todo el tiempo sintiéndome segura y protegida con tan sólo verlo caminar a mi lado. Tuve que contenerme para que no se notaran los suspiros que salían espontáneamente al mirarlo.

Ahí bajé mi guardia y decidí que, antes me había enamorado con el corazón engañoso de una adolescente, mas ahora me comenzaba a enamorar con un corazón de mujer, guiada y protegida por el Espíritu Santo. Nunca antes había sentido un amor tan real, puro y verdadero por un hombre como el que comencé a sentir por Carlos ese día. Y ahora más, que sabía que Dios estaba en el asunto.

———— ◆ ————

El tiempo pasó y mi fe estaba fortalecida. Mi relación con el Espíritu Santo era más estrecha que nunca. Ya había comenzado a dar grandes pasos hacia mi restauración y entereza. Poco a poco me veía cada vez más ensamblada por el amor de Dios. Mi amistad con Carlos creció. Él se convirtió en mi mejor amigo, mi apoyo, mi compañero de oración y mi confidente. Él conocía todo acerca de mí y no me juzgaba, como tantos otros lo habían hecho anteriormente.

Al pasar del tiempo nos volvimos más cercanos hasta que un día él expresó que había desarrollado sentimientos afectivos por mí, y yo le dije que sentía lo mismo. Aún no le había dicho que había escuchado al Señor hablarme sobre él. Eso lo guardaría para luego. Comenzamos a salir en citas, algo que realmente parecía un milagro ante mis ojos. ¿Cómo era posible que un chico tan asombroso como él, quisiera a una chica tan quebrantada como yo, aún después de saber todas las cosas que sabía acerca de mi pasado? Ese es un pensamiento que aún hoy día no puedo comprender del todo. Una cosa es segura, yo pude ver en Carlos el ejemplo de Jesús. Él me amaba por mí, no por nada más. Y yo me enamoré perdidamente de este hombre.

Después de algún tiempo de citas amorosas, sentimos en nuestro corazón que Dios nos había hecho el uno para el otro. Luego me pidió que me casara con él y sin dudar, dije que sí. No había otro hombre en mi vida que me amara, me respetara y me protegiera tal como Carlos lo hacía. Dios fue tan bueno que en su gracia y a pesar de mis fallas, guardó un hombre para mí que era hermoso por dentro y por fuera, con un corazón puro, enamorado de Dios, lleno de sabiduría, compasión, ánimo, pasión, y con toda la fuerza que yo no tenía.

Dios había limpiado mis manos sucias para que pudiera sostener el corazón de este tesoro de hombre. Y yo iba hacer justo eso, permanecer pura para honrar a Dios y honrar a mi Carlos. Habiendo sido redimida, Dios me dio una nueva oportunidad a la pureza sexual. Así que, me guardé para Carlos, y practicamos la abstinencia sexual hasta el matrimonio. No fue fácil, pero nuestro amor por Dios era mucho más grande que nuestros deseos físicos. Dios nos ayudó a mantener nuestra mente en su plan y su Palabra. Mediante esto fue que pudimos comenzar nuestro matrimonio con el pie derecho y de la manera correcta.

Al llegar la fecha de nuestra boda, el Espíritu Santo sopló vida y favor sobre nosotros desde ese día hermoso de verano. Sentimos que su cobertura nos siguió a lo largo de la luna de miel y hasta llegar de regreso a casa. Experimentamos lo que es tener a Jesús en el centro de nuestro hogar. Juntos meditábamos la Palabra de Dios y orábamos. Vimos la bella verdad de la Escritura en Eclesiastés 4:9–12: *"Es mejor ser dos que uno, porque ambos pueden ayudarse mutuamente a lograr el éxito. Si uno cae, el otro puede darle la mano y ayudarle; pero el que cae y está solo, ese sí que está en problemas. Del mismo modo, si dos personas se recuestan juntas, pueden brindarse calor mutuamente; pero ¿cómo hace uno solo para entrar en calor? Alguien que está solo puede ser atacado y vencido, pero si son dos, se ponen de espalda con espalda y vencen; mejor todavía si son tres, porque una cuerda triple no se corta fácilmente"* (NTV, énfasis añadido). Justo en eso nos convertimos, dos cuerdas interconectadas con nuestro mejor amigo y tercer cuerda, el Espíritu Santo. Él nos unió, Él nos hizo fuertes y Él guio el rumbo de nuestro hogar. Al llegar a casa de nuestra luna de miel, le conté lo que Dios me había dicho aquella noche de luna llena en *La Parguera*. Mientras me mostraba su bella sonrisa, su respuesta fue: "Yo también lo sabía. Te pedí a Dios y Él te trajo a mí. Y es para siempre". Durante esas primeras semanas de matrimonio fuimos llenos de la bendición de Dios en nuestro hogar recién establecido.

---

Cuatro años después, mi vida espiritual había crecido aún más fuerte y mi alma permanecía anclada en la esperanza que había recibido en Cristo. Mi relación con Dios ciertamente se seguía estrechando, tal y como Él dijo que lo haría. Después de haber aprendido la maravilla del perdón y a través de su práctica continua, el mundo se levantó de sobre mis hombros. Me empapé de esta nueva libertad que recibía por el perdón y se hizo parte esencial de mi vida.

Durante estos años fui libertada de las cadenas del rencor, el resentimiento, el odio, y la amargura. Pude correr libre y al fin vivir la vida abundantemente. Mi relación con Dios se había hecho mi prioridad. En mi crecimiento espiritual, mientras más conocía a Dios, más necesitaba de él. El hambre que había en mi alma no podía satisfacerse con nada menos que la Presencia de Dios. Aún más, Dios me liberó de mi orgullo y me sanó de mis propias expectativas sobre mí. Yo pensé que había arruinado mis oportunidades de poder volver a cantar para Él públicamente. Sin embargo, Dios me enseñó que desde el principio era parte de su plan que yo hiciera justamente eso. Mas ahora lo haría con una perspectiva renovada de glorificarlo a Él y no a mí misma. Me enseñó el camino de la humildad, y me pidió que continuara cantando profesionalmente, pero esta vez, sólo para Él. Dios orquestó cada aspecto de mi ministerio y carrera musical así como lo hizo con mi vida espiritual. Él permitió que yo lanzará mi primer disco como solista, iniciando una historia maravillosa como ministro de la música y la Palabra. Durante esta temporada, Carlos y yo nos sentimos honrados de ver cómo Dios pudo tomar a una persona tan quebrantada, hacerla de nuevo y al mismo tiempo bendecir a miles de personas durante el proceso.

En ese tiempo nos enfocamos en confiar en Dios y como dice Eclesiastés 9:10, todo lo que teníamos la oportunidad de hacer con Dios, lo hacíamos con toda nuestra fuerza. ¡Él nos bendijo tanto! Nuestra obediencia a Él se hacía aún mayor, al punto que Carlos y yo sentimos la dirección del Señor de movernos en fe y mudarnos fuera de Puerto Rico. Así como Abraham, dejamos atrás todo lo que conocíamos y amábamos por seguir la causa de la cruz y dirigir a otros hacia ella. Nos mudamos a la ciudad de Orlando, Florida y seguimos la dirección de Dios en todo. Mientras más nos rendíamos a Él y le creíamos, más nos bendecía el Señor con Su provisión y con éxito en cada trabajo que nos encomendaba hacer.

> El hambre que había en mi alma no podía satisfacerse con nada menos que la Presencia de Dios.

En esta novedad de vivir por fe comencé a entender que ciertamente Dios tiene mucho más para darnos que lo que nosotros le podamos pedir. Sobre todo, había más de Él para que me sea revelado, algo que yo buscaba con todo el corazón. En esta búsqueda, estaba determinada a profundizar mi relación con el Espíritu Santo. Corrí con todas mis fuerzas hacia Él para saciar la gran sed de su Presencia que había en mi ser.

En este tiempo entré en una temporada de mucha comunión con Dios por medio de la oración y el ayuno. Finalmente había aprendido la belleza de buscarle, no porque quería recibir algo *de* Dios, sino porque mi corazón deseaba *a* Dios. Cada vez que completaba un ayuno tenía experiencias maravillosas con el Señor, y el nivel de revelación que recibía de Él en mi vida se incrementaba sobrenaturalmente. Esta temporada marcó en mi vida un tiempo en el que aprendí a ver y a tratar a Dios como mi mejor y más cercano amigo, y aun hoy lo sigue siendo.

En una ocasión, cuando me dirigí a completar otro ayuno prolongado de veintiún días, el tercero que había hecho, el primer día me enfermé. Pensaba que se trataba de algún virus estomacal pasajero, pero pronto comenzó a progresar haciéndose peor mientras los días pasaban. Los remedios comunes y medicinas sin receta no podían aliviar los síntomas tan malos que presentaba, la eliminación involuntaria de todo lo que comía, escalofríos, y hasta sangrados anormales y de lugares que no debían de haber venido. No podía mantener nada en mi estómago, solamente agua. Consulté con varios doctores y todos pensaban que alguna bacteria se había alojado en mis intestinos. Tomé los medicamentos recetados con esperanza de sentir alivio. En cambio, el dolor y los síntomas simplemente no mejoraban y los exámenes médicos no mostraban absolutamente nada definitivo.

Ya para ese tiempo era cantante y líder de alabanza, y sentía la necesidad de esforzarme para cumplir con los compromisos ministeriales que ya estaban en agenda de antemano. Fui a cada una de las actividades que tenía pautadas dentro de esos veintiún días. Dios me usó como lo prometió para tocar el corazón de la gente con mi testimonio, y hasta vi que algunos fueron sanados por su poder mientras orábamos. Pero yo seguía en muy mal estado, aún sin poder comer, mantener nada en mi estómago, dormir o poder controlar las urgencias desordenadas de ir constantemente al baño, solo para sufrir terribles dolores cada vez.

Lloraba y clamaba Dios por sanidad. Recitaba cada versículo bíblico que podía pensar acerca de la sanidad. Oraba efusivamente para que el dolor se fuera y pudiera estar bien otra vez, más nada a cambio. Comencé a desesperarme, después a irritarme, y luego a discutir con Dios: *"¿Qué es esto? ¿Dónde estás, Dios? ¿Cómo es posible que ore por otros y tú los sanas, pero yo sigo enferma? ¿Por qué estoy en esta cama sin energía ni salud, aún cuando hago los esfuerzos por obedecerte? ¡Esto no es justo! ¿Por qué simplemente no me sanas?"*. No hubo respuesta.

Con todo esto, todavía había algo dentro de mí que me impulsaba a seguir adelante. Yo sabía que no podía romper este ayuno o dejar de buscar a Dios. Sabía muy adentro que después de esta gran batalla, tendría una gran victoria. Al menos me agarré de esa esperanza y continúe mi ayuno, viniera lo que viniera, costara lo que costara.

Al llegar la noche final de mi ayuno me encontraba terriblemente enferma. Había perdido una cantidad sustancial de peso y estaba muy débil. Aun así, cumplí con un compromiso de cantar en una iglesia. Mientras esperaba recibir el micrófono, recibí un mensaje de texto de mi hermana diciendo: "Mami está muy enferma. La tuvimos que llevar al hospital con unos fuertes dolores. Los doctores dicen que algo está mal con su páncreas y el asunto no se ve bien. Está siendo llevada a cuidado intensivo. Por favor, ora". Al leer esto sentí que mi mundo se derrumbó, podía escuchar pensamientos disparándose de un lado para el otro dentro de mi cabeza. Estaba enferma y me encontraba sin fuerzas, no obstante, de alguna manera entendía que todo debía ser parte de un proceso. *"¿Pero mamá? ¿Tan enferma que los doctores están preocupados? ¿Qué está sucediendo?"*, me preguntaba.

Pensar que algo le pasara a mi mamá era simplemente demasiado para soportar. Pude sentir a la desesperación enterrar sus garras en mi corazón. Por un momento quise salir corriendo y huir de ese lugar, más no tenía la energía para siquiera hacer eso que mi imaginación pedía. Me sentía impotente, sin esperanza y sola, tentada a esconderme debajo de la banca en posición fetal y quedarme ahí hasta que muriera. Estaba al final de mis límites, sintiendo caer y sin poderme sostener.

De repente, sentí como una chispa dentro de mí. El Espíritu Santo trajo a mi memoria el verso que es repetido en el Salmo 42 y 43: *"¿Por qué te abates, oh alma mía, y por qué te turbas dentro de mí? Espera en Dios; porque aún he de alabarle, Salvación mía y Dios mío"*. Con el surgir de esa Palabra dentro de mí, también surgió la esperanza como un arroyo de agua fresca en medio de mi desierto. En ese momento comprendí que no había absolutamente nada que yo pudiera hacer. No era posible sanarme a mí misma y tampoco sanar a mi mamá. Ni siquiera tenía la capacidad de llegar a Puerto Rico para estar con ella.

Así que me di por vencida, me rendí, y entregué todo. Elegí hacer a Dios el centro de ese momento y no a mis circunstancias adversas. Decidí que la adoración era lo único que yo sí podía hacer, y entonces eso hice. Me repetía a mí misma: *"Espera en Dios, porque aún he de alabarle, salvación mía y Dios mío".* Aunque Dios no hiciera nada, yo aún le alabaría por quien Él era, un Dios bueno y fiel.

Tomé mi celular y le escribí a mi hermana: "No te preocupes. Estamos orando. Dios está en control", y enterré mi teléfono tan profundo como podía dentro de mi bolso. Entonces, en ese momento y lugar, levanté mis manos en rendición, y adoré a Dios como si fuera el último momento que tenía con vida en esta tierra. Adoré a Dios con tanta pasión como podía, al igual que con cada pedacito de mi quebranto.

De repente escuché a Dios hablar a mi corazón, claro como la luz del mediodía. Mientras le adoraba, Él me dijo: "¡*Eso* era lo que Yo estaba esperando!". Al oír esto, una pequeña risa brotó de mis labios y sentí gozo, el tipo de gozo que Nehemías 8 llama "*mi fortaleza*". En ese instante mi fe se alineó perfectamente con mis pensamientos, mi creer, y la voluntad de Dios. Entonces supe que todo estaría bien.

A la mañana siguiente estaba en la iglesia dirigiendo alabanza como nunca antes. Aún seguía enferma, pero mi adoración ciertamente no lo mostraba. Luego del servicio, uno de los músicos, un hombre muy humilde, amable y dulce, hizo una sencilla y simple oración de sanidad sobre mí. Al llegar la hora del almuerzo pude notar que algo estaba diferente. Comí y no vomité por primera vez en tres semanas. El dolor había desaparecido y mi sistema digestivo comenzó a hacer todos sus procesos normalmente. ¡Dios me había sanado! Demás está decir que ese domingo mi casa estuvo llena de alabanzas. En medio de tanto gozo y celebración por mi sanidad, ignoraba que el verdadero desafío vendría al día siguiente.

Ese lunes era mi día de descanso. Al llegar las primeras horas de la tarde, había entrado a la regadera a ducharme. Tomé ventaja de mi tiempo a solas para hablar con Dios. Le di tantas gracias y reafirmé cuánto confiaba en Él y en su voluntad. En medio de esa conversación tan cercana con Dios y el sonido de las gotas de agua, sentí algo. Era algo extraño, como si mi mente se hubiera abierto de repente. Como si le hubiesen dado "play" a un área dormida de mi cerebro, y comencé a recordar cosas. Las memorias que subían a la vanguardia de mi mente eran terribles y agobiantes. Recordé algo que había sido enterrado en mi subconsciente, escondido en supresión por mucho, mucho tiempo. Los recuerdos, como golpes helados y dolorosos me pegaban con la memoria de que yo...había sido abusada sexualmente entre la edad de cinco a seis años.

Mi mente debió haber escondido estos recuerdos para poder lidiar con los eventos que vinieron después, la enfermedad y la muerte de mi papá, una nueva familia, la relocalización y el nuevo lugar y cultura. En el proceso de andar eligiendo, mi cerebro decidió enterrar este terrible trauma debajo de la alfombra de mi subconsciente. Pero ahora, había llegado el tiempo de recordarlo, porque Dios lo había traído a la superficie de mi pensamiento. Las memorias vinieron todas de una vez. Me cayeron encima como una tonelada de ladrillos. Reviví cada momento mientras regresaba el recuerdo a mi consciente: el aspecto de las habitaciones, los sonidos de lo que ocurría a mi alrededor, los olores, qué tenía puesto, el color de las sábanas, todo. Todo se hizo vívido dentro de mí. Un nudo se formó en mi estómago, mis rodillas se debilitaban, y me sentía perder el aliento. Un temor profundo y arraigado finalmente mostraba su raíz.

Como te conté, logré casarme con el amor de mi vida, quien siempre fue muy gentil, cariñoso y entendido. Sin embargo, desde nuestra luna de miel, sentía un temor extraño de estar a solas con él. Me sentía cohibida o atemorizada si de la nada él envolvía sus brazos alrededor de mí, algo que usualmente provocaba que reaccionara poniéndome rígida a causa del temor, sin saber por qué. Tenía la tendencia de sentir mucha vergüenza cuando había oportunidades para el romance o la cercanía como marido y mujer, y le temía a cualquier tipo de intimidad. Yo quería que fuéramos realmente "uno" como dice la Biblia, pero había una distancia, una desconexión que no podía explicar. Inicialmente pensé que era y siempre sería, por el remanente de mi pecado inmoral del pasado. Me resigné a aceptar que era simplemente una "herida antigua" de mi alma con la que siempre tendría que vivir. Mas ahora, todo estaba claro.

Al revivir estos recuerdos y recordar cada ocasión y hasta los rostros de mis agresores, caí de rodillas bajo esa regadera abierta sintiendo nuevamente el sentimiento de impotencia de esa pequeña niñita. Traté de lavarme cada onza de lo sucio invisible que había sido lanzado sobre la pequeña "yo" que aún sentía sobre mí. Me sentí usada y dañada, como material defectuoso a ser descartado, pero ahora podía ver por qué me sentía tan imposible de amar.

Cuando terminé de recordar y procesar estos horribles recuerdos, el Espíritu Santo vino sobre mí como una sábana. En medio de sollozos dolorosos sentí como el fluir de mis lágrimas se mezclaba con corrientes de esperanza y una paz que verdaderamente sobrepasaba todo mi entendimiento. Puede escuchar al Señor. Su dulce voz me dijo: "Perdónalos. Yo te ayudé a recordar para que puedas ser libre. Ahora, perdónalos". Y allí en el suelo, completamente despojada, sin más, perdoné y fui libre. Ese día, sentí el abrazo de Dios sosteniéndome, restaurando aun otra parte de mi quebrantado ser. Esa noche, por primera vez realmente sentí el abrazo de mi esposo sin tener miedo. En pocos días, mi madre fue dada de alta del hospital, porque su cuerpo milagrosamente se había restaurado en salud en mucho menos tiempo del que habían dicho los doctores. La restauración es algo tan hermoso. Es una promesa de Dios, mas sólo se cumple cuando nos ponemos voluntariamente en sus manos. Para ser restaurado es necesario permitirle a Él que tome el control de nuestra vida. La restauración solo puede ocurrir cuando lo abandonas todo en las manos de Dios.

---

### El perdón: una llave maravillosa a la restauración

Hay una frase muy común que dice: "El perdón es la llave". Pero, como dice el refrán: "Del dicho al hecho, es largo el trecho". Para muchos de nosotros parece más fácil decirlo que hacerlo. De hecho, para muchos pareciera que perdonar es lo más difícil del mundo. Confieso que una de mis mayores luchas es guardar rencor. Soy una persona que siente y ama muy profundamente, y por esta razón también siento el dolor muy profundamente. Por esto, tengo la tendencia de tragar mi dolor y aguantarlo muy profundo en mi interior. Es la manera en que fui programada y esto ha traído consigo muchos desafíos.

Por ejemplo, antes que conociera la libertad que viene con el perdón, yo era de las que me indignaba con solo escuchar la palabra. Si me decían que debía "perdonar" a alguien que me había herido, mi respuesta inicial era: "¡Nunca!" o "¡No se lo merece!". Para muchas personas, la falta de perdón usualmente se convierte en un confort, y ciertamente este era el caso conmigo.

### ¿Por qué el perdón?

Tal vez te preguntes, ¿qué tiene de especial el perdón? ¿Por qué debo perdonar a esa persona que me hizo daño? ¿Sabes lo que me hizo? Todos estos son argumentos muy válidos y no hay duda de que el dolor detrás de ello es muy real. Aun así, hay algunas cosas que he aprendido acerca del perdón durante mi proceso de restauración. Hay una escritura en Lucas 6 que dice la verdad acerca del perdón: *"No juzguen, y no serán juzgados. No condenen, y no serán condenados. Perdonen, y serán perdonados"* (verso 37, RVA2015, énfasis añadido). Cuando nos acercamos a Dios, sólo podemos llegar tan lejos como nuestra disposición para sacrificar.

¿Alguna vez has visto la cuerda que le ponen a las personas que saltan en "bungee"? Es una banda larga y elástica que sostiene sus cuerpos para poder al saltar al vacío sin caer. Puede que este cordón de goma se estire muy lejos, más siempre los hala hacia atrás, no importando cuánta fuerza le pongan a su salto. Imagina ahora que la falta de perdón es como esa cuerda elástica que se envuelve alrededor de ti cuando alguien te hace daño. Si no perdonas, podrás tratar con todas tus fuerzas de acercarte más a Dios, pero esa cuerda no te permitirá alcanzar cosas nuevas en Él, siempre te halará hacia atrás. Porque la falta de perdón te hace constantemente revivir tu pasado. La falta de perdón es como el peso muerto que impide que tu alma pueda moverse hacia delante y más cerca de Dios.

Vamos a mirar a mayor profundidad lo que dice Lucas 6 acerca de esto, específicamente los versos 32–33 y 35–38 (RVA2015):

> *"Porque si aman a los que los aman, ¿qué mérito tienen? Pues también los pecadores aman a los que los aman. Y si hacen bien a los que les hacen bien, ¿qué mérito tienen? También los pecadores hacen lo mismo.(…) Más bien, **amen a sus enemigos** y hagan bien y den prestado sin esperar ningún provecho. Entonces **la recompensa de ustedes será grande** y serán hijos del Altísimo; **porque Él es benigno (bueno) para con los ingratos y los perversos (malos). Sean misericordiosos, como también su Padre es misericordioso.***
>
> *No juzguen, y no serán juzgados. **No condenen**, y no serán condenados. Perdonen, y serán perdonados. **Den, y se les dará;** medida buena, apretada, sacudida y rebosante se les dará en su regazo. Porque **con la medida con que miden se les volverá a medir"** (énfasis y paréntesis añadidos).*

Cuando inicié mi camino hacia la libertad, esta era probablemente mi Escritura menos favorita. Esto fue hasta que comencé a creerle a Dios y obedecerle poniendo esto en práctica.

En este pasaje hay verdades sobre las cuales el Espíritu Santo me enseñó mucho, y los quiero compartir contigo:

## *"No juzgues"*

Jesús dijo claramente que no debemos juzgar para que no seamos juzgados. Juzgar no es otra cosa que establecer un señalamiento o juicio, deliberar acerca de la culpabilidad de alguien para sentenciar, y se basa en una opinión, conclusión o creencia acerca de alguien o lo que ha hecho.[26]

*Antes de ingresar al ministerio a tiempo completo, trabajé para una abogada durante un período de dos años. En esa oficina legal aprendí que para que un juez pueda aceptar un juicio, deben presentarle todos los hechos y evidencias alrededor del caso en cuestión. Aun con esto, hay veces que todos los hechos presentados no pueden asegurar un juicio correcto, incluso para los más justos y meticulosos de los jueces terrenales.*

*Cuando tenemos mala voluntad hacia otra persona, aun aquellos que nos lastiman, estamos poniendo juicio sobre ellos. Sostener ideas tales como: "nunca voy a hacer como esa persona", "nunca voy hacer lo que esa persona me ha hecho" o hasta "al menos no soy tan malo como ellos; nunca he hecho eso", revela una mentalidad de juicio.*

*Pero, ¿sabemos todo acerca de la vida física, emocional, mental y espiritual de esa persona? ¡Claro que no! Sólo Dios lo sabe todo. Por esta razón, sólo Él está calificado para ser juez. Cuando nosotros juzgamos, no solamente desobedecemos la Palabra de Dios, sino que también nos quedamos terriblemente cortos y nos causamos mucho más daño que bien. Más aún, acumulamos más cosas por las cuales seremos juzgados en el día del juicio final de Dios. Después de todo, estamos extremadamente lejos de ser perfectos.*

## "No condenes"

El condenar y juzgar usualmente van de la mano. Mientras que juzgar se trata de formar malas opiniones y creencias acerca de alguien; condenar es expresar esas opiniones no favorables. Usualmente juzgar es algo que pensamos interiormente, mientras que condenar es el pensamiento exteriorizado. En esencia, al condenar a otros le señalamos con el dedo, marginalizándoles, declarándoles no aceptables, sentenciándoles, y firmemente desaprobándolos.

*La condenación es una gran y desagradable forma de rechazo. Siendo que Dios es un Dios de unidad y no de división. Creo que una de las mayores razones por la que Jesús dijo que no condenáramos, fue para evitar la división. Él sabía que cuando rechazamos a alguien provocando que ellos a su vez comiencen a rechazar a otros, tiene como resultado una reacción en cadena de almas heridas hiriendo a otros.*

*La Escritura dice en Romanos 8:1: "Ahora, pues, **ninguna condenación** hay para los que están en Cristo Jesús, los que no andan conforme a la carne, sino conforme al Espíritu" (RV60, énfasis añadido). Si realmente somos seguidores de Cristo Jesús, no tenemos que aplicar la condenación. Debemos dejar que Dios, nuestro perfecto juez, se encargue del asunto en su perfección y justicia, y no la nuestra. Como la Biblia es veraz, promete que si nosotros condenamos, seguramente también seremos condenados. No sé tú, pero yo seguramente quiero mantenerme lejos de ser condenada. Por esto, debo hacer el esfuerzo en contra de mis instintos humanos, de dejar de señalar a otros y descartarlos. En última instancia, Jesús derramó su sangre por todos, no sólo por aquellos a los cuales aprobamos.*

## "Perdona"

El diccionario define el perdón como el acto de absolver a alguien de una ofensa, cancelar o remitir una deuda, una obligación, y finalmente cesar de tener resentimiento por esa persona.[27] Todo es correcto, mas el Señor me enseñó que perdonar

es mucho más que esto. Cuando perdonamos nos hacemos
libres de un gran peso emocional que nos aleja de Dios. El
perdón no fue creado para favorecer al perdonado, sino para
dar libertad y sanidad al perdonador.

*Cuando perdonamos escogemos derribar nuestros propios jui-
cios y condenaciones en contra de otros, así como Jesús lo hizo
con nosotros, y nos autoliberamos de ser juzgados y condenados.*

*Cuando guardamos rencor y nos
aferramos a la falta de perdón,*     El perdón no fue creado para
*lo que hacemos es esencialmen-*     favorecer al perdonado, sino para
*te construir una gran mura-*     dar libertad y sanidad al perdonador.
*lla emocional alrededor de esa*     ———•———
*área de nuestra vida en la cual*
*somos inclementes.* De esta manera nos afianzamos a la amargura, la cual causa aún más y mayores problemas (Hebreos 12:15),
y excluimos a Dios de poder manifestar su perdón en nosotros
en esa área. Así, le brindamos acceso al espíritu de condenación,
resentimiento y odio.

Piénsalo de esta manera. Cuando brilla la luz del sol sobre un
edificio que ha sido cerrado, la luz solo puede entrar por donde
haya una puerta o una ventana abierta. Si todas las aberturas
están selladas y cubiertas, no importa cuánto brille la luz alrededor de él, no habrá manera de que pueda brillar en el interior
de esa estructura. La luz del sol en esta ilustración representa el
perdón de Dios. Si cerramos nuestro corazón cubriéndolo con los
muros de la falta de perdón, entonces la misericordia y el perdón
de Dios no pueden ingresar de lleno a nuestra vida. No porque no
esté fluyendo, sino porque al no perdonar no lo dejamos entrar a Él.

Entonces el juicio y la condenación toman control, reinando
sobre nosotros, en vez de reinar Cristo. ¿Alguna vez has visto o
escuchado alguna persona decir: "Nunca voy a ser alcohólico como
mi papá o mi mamá", sólo para convertirse en lo mismo que tanto juzga y condena? Bueno, eso es porque al no perdonar lo ha
encerrado en paredes impenetrables, y de esta manera ha dejado
a la gracia de Dios fuera de esa área. Sólo se puede ser libre, perdonando, libre de juicio, y hablando bendición y no condenación
sobre sus enemigos.

## "Da"

La Biblia dice en Lucas 6:38: "Den, y les será dado" en abundancia. Tendemos a relacionar este verso exclusivamente a las cosas buenas. Sin embargo, la Escritura no lo especifica así. Creo que esto aplica para todo, bueno y malo. Mientras más practicamos gracia, misericordia y perdón, más damos la bienvenida a que sea multiplicado en nuestra vida. Lo mismo aplica para lo contrario; mientras más nos entregamos a la amargura y a la falta de perdón, más nos abrimos para que tomen control de nuestra vida, y en abundancia. Todo lo que sembremos, eso también cosecharemos (Gálatas 6:7), y mientras más sembremos, más entonces cosecharemos (2 Corintios 9:6). Si te aferras al odio, seguramente en alguna manera cosecharás odio. Si das misericordia, gracia y perdón, ciertamente los recibirás en abundancia.

## "Cirugía del alma"

Hasta ahora hemos visto que el alma puede ser herida y, tal y como con las heridas físicas, el alma puede también infectarse. Más allá de eso, esas heridas y traumas profundos del alma deben ser reparados. Me gusta llamarle a este proceso de reparación *"cirugía del alma"*, algo que solamente Dios puede hacer. A veces, Él lo hace mediante encuentros sobrenaturales en su Presencia, y otras veces usa a personas con el don de sanidad interior para ayudar a curar estas heridas.

Cuando mi momento de verdad vino y yo elegí volver mis pasos hacia Dios, fue especialmente difícil lidiar con mi pasado. Luché todos los días con un sentido de culpa y vergüenza por todas las cosas malas que había hecho. Yo sabía que Dios me había perdonado, pero la parte más difícil para mí era soltar el pasado y perdonarme a mí misma.

En medio del proceso de entender esto, Dios me llevó un poco más lejos. Creo que cuando el Espíritu Santo me recordó aquella terrible experiencia de niña, cuando fui abusada sexualmente, lo hizo para que yo pudiera rendir todo a Él. Así Él pudo ayudarme a removerlo de mi alma. También, fue para llevar a cabo un extraordinario proceso de sanidad interior que no podía hacer por mí misma.

Necesitaba desesperadamente ayuda para sacar de mi corazón esa putrefacta estaca de dolor, rencor y falta de perdón que me impedía acercarme a Dios, y ser quien Él me hizo y como Él me hizo. Así que, yo tuve que rendirme y ponerme en las manos expertas de Dios. De no haberlo hecho así, la libertad en la cual hoy camino nunca hubiese sucedido.

El primer paso para dejar a Dios operar en tu alma es admitir y reconocer que hay un problema y que necesitas ayuda. En el libro *Emerging with Wings: A True Story of Lies, Pain, and the Love That Heals* [Emerger con alas: Una historia real de mentiras, dolor, y el amor que sana], Danielle Bernock hermosamente dice: *"El trauma es personal. No desaparece por no ser validado. Cuando es ignorado o invalidado los gritos silenciosos continúan siendo escuchados internamente solo por aquel a quien tiene cautivo"*.[28]

Revivir el dolor del pasado, especialmente cuando hemos intentado esconderlo, es muy difícil. Así como con una herida física, las heridas internas también supuran y se ulceran, causando mucho y continuo dolor, a menos que nos sometamos al proceso de sanidad. Estos procesos usualmente son dolorosos, mas tienen como gran ventaja que, cuando permitimos que Jesucristo, nuestro Doctor celestial, nos sane, lo hace por completo, no teniendo nosotros que volver a pasar por el dolor de esa herida nunca más. Además, nos da un nivel mayor de libertad en Él.

Otro aspecto de la cirugía del alma que debemos tomar en consideración es que también conlleva tiempo de "terapia". Seguramente sabes de personas que han pasado por terribles accidentes, heridas y operaciones, y tienen que pasar por terapia física para poder sanar correctamente. Durante ese proceso de terapia algunos de ellos caminan extraño, tienen problemas con sostener un paso normal y saludable, y hasta tienen gran dificultad para hacer movimientos muy básicos y pequeños, o algunos sistemas de su cuerpo no funcionan cien por ciento bien. Sin embargo, cuando hay algún progreso en su recuperación, por más pequeño que parezca, ciertamente es digno de celebración. ¿Por qué? Simplemente porque el desenlace de su accidente pudo haber sido mucho peor, pero todavía están vivos.

La *terapia* del alma es lo que viene después de la cirugía del alma. Es el proceso de recuperación y mantenimiento dentro de las áreas recién sanadas y rumbo a ser transformadas. Por supuesto, así como con un paciente físico, la terapia toma tiempo, para algunos más que para otros. Durante este tiempo es necesario alimentarse de la Palabra de Dios, de comunión íntima con Él, y de la implementación de pensamientos buenos y renovados. Con respecto a las personas que acaban de atravesar períodos de sanidad interior, nunca debemos esperar que ellos "arranquen a toda marcha", por así decirlo. Al contrario, debemos esperar que den pequeños pasos hacia su restauración y entereza, y permitirles el espacio para que sean imperfectos y aprendan del Señor a su propio paso. No hay absolutamente ningún problema con ser imperfectos mientras aprendemos a caminar correctamente en áreas recién sanadas de nuestra vida.

Joyce Meyer dice: "*No pensamos que hay algo mal con niñitos de un año simplemente porque no pueden caminar perfectamente. Ellos se caen frecuentemente, más los levantamos, amamos, curamos, si es necesario, y continuamos trabajando con ellos. Seguramente nuestro Padre celestial puede hacer aún más por nosotros que lo que hacemos por nuestros niños*".[29] De la misma manera debemos extender gracia hacia aquellos que están aprendiendo cómo caminar con Dios en nuevas áreas de su vida, o como dice la Biblia en Gálatas 6:1, que debemos restaurar a otros "*con espíritu de mansedumbre, considerándote a ti mismo*".

## "Cirugía de la mente"

En mi caminar con el Señor he descubierto que uno de los mayores obstáculos para mantener un estilo de vida puro, es mi propia mente. Si dejo de pensar en cosas que me acercan a Dios y persisto en tener una mentalidad negativa, fácilmente puedo sentir una lejanía en mi comunión con el Espíritu Santo. Hay un pasaje en Romanos 12:2 que he aprendido a atesorar en mi corazón y dice: "*Y no adopten las costumbres de este mundo, sino transfórmense por medio de la renovación de su mente, para que comprueben cuál es la voluntad de Dios, lo que es bueno, agradable y perfecto*" (rvc). Cuando mi proceso de pensamiento se aleja de la voluntad de Dios, también lo hago yo. Como dice en Proverbios 23:7, versión Reina Valera Revisada de 1960: "*Porque cual es su pensamiento en su corazón, tal es él*". Curiosamente, la versión Reina Valera Actualizada de 2015 dice: "*Porque cual es su pensamiento en su mente, tal es él*" (énfasis añadido).

Una de mis expertas favoritas en este tema es la Dra. Caroline Leaf, una neurocientífica quien ha dedicado su vida al estudio e investigación del cerebro humano, y cuyos hallazgos brindan evidencia de cómo la ciencia valida la Palabra de Dios. En su libro *Switch on Your Brain* [Prende tu cerebro] da explicaciones detalladas del proceso de pensamiento y sus efectos en nuestro cuerpo, alma y espíritu. Se ha hallado evidencia de que los pensamientos literalmente forman materia física en el cuerpo. También explica cómo el tener pensamientos positivos dirigidos, ayuda a construir un cuerpo mejor y más saludable, mientras que tener pensamientos negativos recurrentes causan un declive en nuestra salud.

La Dra. Leaf dice que nuestra mente es la que controla nuestro cuerpo, y no viceversa. En sus palabras: *"La materia no nos controla; nosotros controlamos la materia mediante lo que pensamos y escogemos. No podemos controlar los eventos y las circunstancias de la vida, pero sí podemos controlar nuestras reacciones".*[30] Ella también establece que cuando se trata de sanar patrones de pensamiento para vivir un estilo de vida saludable, nosotros juntamente con Dios, somos creadores de nuestro destino y "Dios guía, pero nosotros debemos escoger permitir que Dios dirija".[31] Al hacer esto, adoptar buenos patrones de pensamiento y enfocarnos en cosas buenas, verdaderas, honestas u honorables, justas, puras, amables, de buen nombre, virtuosas, y dignas de alabanza" (Filipenses 4:8), en esencia nos convertimos en nuestros propios "micro cirujanos" cambiando los circuitos de nuestro cerebro a través del pensamiento. Aquí hay una cita maravillosa la cual ciertamente cambió mi manera de pensar al respecto:

> *"Nuestras elecciones, las consecuencias naturales de nuestros pensamientos e imaginación, se meten "bajo la piel" de nuestro ADN y pueden prender o apagar ciertos genes cambiando la estructura de las neuronas en nuestro cerebro. Así que nuestros pensamientos, imaginación, y elecciones pueden cambiar la estructura de nuestros cerebros en todos los niveles: moleculares, genéticos, epigenéticos, celulares, estructurales, neuroquímicos, electromagnéticos, y hasta subatómicos. A través de nuestros pensamientos, nosotros podemos ser nuestros propios neurocirujanos y tomar decisiones que cambian los circuitos de nuestros cerebros. Estamos diseñados para hacer nuestra propia cirugía cerebral".*[32]

Ella más allá expone que esta creación de material genético que se forma con nuestros pensamientos es pasada a través de nuestro ADN,

¡impactando las próximas cuatro generaciones! De esta manera afectamos a nuestro linaje, y a su vez también somos directamente afectados por los procesos de pensamiento repetitivo, y la acciones que estos causaron, que adoptaron nuestros antepasados, ¡desde nuestros tatarabuelos! Esto es un hecho ciertamente muy sorprendente y revelador.

Al saber esto, podemos ver que hay un mayor nivel de responsabilidad sobre cada uno de nosotros, de acercarnos más a Dios mediante la renovación de nuestra mente, y enfocarnos en Dios, su Palabra y su voluntad para nuestra vida, no sólo por nosotros mismos, sino por aquellos que vendrán más adelante en nuestro linaje.

Tal vez te estarás preguntando, ¿cómo entonces puedo arreglar mis pensamientos? Bueno, la respuesta es simple. Se logra al enfocar nuestros pensamientos en Jesucristo, orar, reflexionar, y sostenernos de la Palabra de Dios. Cada vez que sentimos que un pensamiento contrario o malo llega a nuestra mente, debemos entonces llevar *"cautivo todo pensamiento a la obediencia a Cristo"* (2 Corintios 10:5) y orar, pidiendo a Dios que llene nuestra mente con Su Presencia. Adicional a eso, la mejor manera de tener una abundancia de pensamientos buenos y puros es leer y estudiar la Biblia regularmente. Créeme, puedo decirte por experiencia que cuando mi mente lucha para mantenerse en el camino correcto, el Espíritu Santo siempre trae a mi memoria una Palabra de la Biblia en el momento justo y perfecto para ayudarme a enfocarme en lo correcto. Al atrapar nuestros pensamientos y someterlos a Jesucristo, podemos traer paz a nuestros espíritus y así poder sintonizarnos con la voz de Dios.

Por último, mantente lejos de las cosas que alimenten los malos pensamientos, y por ende malos comportamientos. Si estás pasando por un proceso de restauración, mantente alejado de gente, relaciones, objetos, hábitos, y lugares que te hagan propenso a caer de nuevo. Por ejemplo, alguien que se encuentre en el proceso de ser restaurado de una adicción a la pornografía no debe frecuentar sitios de internet o canales de televisión que presenten ese tipo de contenido; de hecho, lo mejor sería bloquearlos del todo. Si por ejemplo, alguien está en proceso de restauración de la adicción a las drogas o al alcoholismo, no debe frecuentar lugares ni personas que lo habiliten para hacerlo; más bien, debe enfocarse en tomar tiempo buscando a Dios, orando, y leyendo Su Palabra para fortalecerse contra la tentación.

No hay mejor lugar para estar que la Presencia de Dios. Cuando nos acercamos a Dios, Él se acerca a nosotros (Santiago 4:8). La clave para la restauración y la sanidad interior es mantenerse cerca de Dios, reconociendo que somos débiles y Él es fuerte. Sólo Él nos puede hacer de nuevo si se lo permitimos.

———— ◆ ————

## Oraciones de sanidad del alma

Si estás en medio de un proceso de sanidad interior y camino a la restauración, debes saber que no estás solo. Vivimos en un mundo quebrantado y lleno de sufrimientos en donde abundan cosas que provocan dolor profundo a nuestra alma. Mientras camino en mi proceso personal de restauración, mi más ferviente y sincera oración es que puedas también encontrar tu lugar al lado de Jesús, y caminar a su lado, siempre dependiendo de Él en cada paso de tu camino.

Hay dos oraciones muy especiales que quisiera compartir contigo, que me han ayudado a superar áreas de mi pasado.

## Ora en tu proceso de restauración

No importa lo que hayas pasado, de cómo ni cuántas veces hayas caído, Dios es un Padre que ama restaurar y levantar a sus hijos a una vida plena y libre. Puedes alcanzar todo lo que Dios tiene para ti. Sólo tienes que aferrarte a Él. Mientras pasas a través de las áreas difíciles y desafiantes de tu restauración, te animo a que uses esta primera oración para sostenerte en Dios:

*Amado Dios:*

*Vengo delante de ti humillado, sabiendo que Tú eres Dios fuerte y el único que puede restaurarme otra vez. He pasado por tiempos muy difíciles. Estos me han dejado como resultado pensar y actuar de maneras que no debería. Así que, clamo a ti sabiendo que no puedo ser sanado por mí mismo. Te pido que vengas ahora con tu Santo Espíritu y hagas una obra de sanidad en mi interior. Entrego y rindo mi corazón y mi alma a ti para que puedas sanarme, y restaurarme de vuelta al lugar que Tú siempre tuviste guardado para mí. Confío en ti y por eso hoy me abandono voluntariamente en tus manos para que operes en mi alma. Remueve todo aquello que está impidiendo que me acerque más a ti y añade aquello que necesito para ser la mejor versión de mí que creaste y quisiste. Te doy gracias Dios, por tu amor incondicional y tu bondad hacia mí. Te alabo por el trabajo que ya comenzaste en mí, el cual sé que terminarás mientras yo te lo permito.*

    *Oro en el nombre de Jesús,*
    *Amén.*

## Oración de perdón

Como ya leíste en este capítulo, una gran parte de la restauración de nuestra alma es que aprendamos a perdonar. Por esto, he incluido en este capítulo esta segunda oración para guiarte por el proceso propio y bíblico de perdonar.

Si estás luchando con el dolor causado por alguien que te ha lastimado, hay una manera de salir de ese dolor: Perdonando. Recuerda que el perdón no fue creado para beneficiar a la persona perdonada, sino fue diseñada para traer libertad a la persona que perdona. La persona que gana más a través del perdón eres tú, y no tus agresores. Yo he experimentado grandísimos niveles de libertad personal a través del perdón, y quiero que tú lo experimentes también.

Si necesitas perdonar a alguien y finalmente cerrar el capítulo doloroso del pasado, te animo con todo mi corazón que hagas esta oración en voz alta para perdonar (y que lo hagas todas las veces que recuerdes a alguien que te ha lastimado).

*Amado Dios:*

    *Vengo delante de ti humildemente. He cargado este dolor del pasado por demasiado tiempo y hoy quiero ser libre. Así que, estoy listo para perdonar, como Jesús lo hizo conmigo al estar en la cruz.*

    *Hoy, yo elijo perdonar a (nombre de la persona que te lastimó) por el dolor que me causó cuando (acto que cometió la persona que te hizo daño).*

    *Yo renuncio a la mentira de que por causa de esa persona y lo que me hizo, no puedo avanzar hacia adelante o vivir con libertad. Renuncio a la mentira de que soy menos por causa de esta herida y rindo mi dolor a los pies de la cruz.*

*Hoy, libero a (nombre de la persona que te lastimó) de todos los juicios y la condenación que pude haber puesto sobre él/ella. Y así como Tú me has bendecido sin merecerlo, yo hablo palabra de bendición sobre él/ella y su descendencia. Cancelo cualquier maldición que haya podido salir de mi boca hacia él/ella, y llamo bendiciones del cielo para cubrirlos, para que ellos también te puedan encontrar.*

*Finalmente, declaro mi libertad y la hago conocer en el mundo espiritual. Cualquier ventaja legal que el enemigo tenía sobre mí por mi falta de perdón, ahora es anulada por la sangre de Jesucristo, y porque ya he perdonado y soy perdonado. Rompo todas las murallas que pude haber construido en esta área de mi vida al no perdonar. Echo fuera todo espíritu de las tinieblas que pudiera estar afectando mi vida por causa de esto, y cierro toda puerta espiritual que mi falta de perdón haya mantenido abierta.*

*Gracias Señor porque Tú eres quien me ayuda a ser libre y a perdonar.*

*En el nombre de Jesús he perdonado y soy libre.*

*Amén.*

## Escrituras para sostenerte en tu restauración

*"Mi Señor y Dios, te pedí ayuda, y tú me sanaste".*

—Salmo 30:2 (RVC)

*"El justo pasa por muchas aflicciones, pero el Señor lo libra de todas ellas".*

—Salmo 34:19 (RVC)

*"Saca mi alma de la prisión para que alabe tu nombre.*
*Los justos me rodearán porque me colmarás de bien".*

—Salmo 142:7 (RVA 2015)

*"Él sana a los quebrantados de corazón, y venda sus heridas".*

—Salmo 147:3 (RV60)

*"y conocerán la verdad, y la verdad los hará libres".*

—Juan 8:32 (RVA 2015)

*Parte IV:*

———◆———

# HIJA
# ENVIADA

# Capítulo 9

# ❧ ÉL ES MI PADRE ❧

*"...por tu amor, mi Padre, supremamente bueno, Belleza de todas las cosas bellas".*

—AURELIO AGUSTÍN (354–430 C.E.)
Filósofo, teólogo, autor, uno de los padres
de la Reforma y la cristiandad Occidental[33]

UN DÍA, CUANDO llevaba cerca de dos años casada, Carlos se sintió movido por el Espíritu Santo a traer a colación el tema de mi papá. "Mi amor, ¿por qué no le escribes una canción a tu papá?", me dijo. "Yo creo que el Señor quiere que lo hagas". Yo lo miré, y un poco insegura, le dije: "Ja. Eh…Sí, claro. Eso sería algo lindo. Lo haré uno de estos días", y lo dejé así. Al pasar varios días, él sintió nuevamente el empujoncito del Espíritu. Así que vino y me dijo: "Mi amor, ¿has escrito algo para tu papá? ¿Cómo va tu canción?". Mi cara se puso seria mientras dije: "Sí, he estado muy ocupada. Lo hago cuando pueda". Él hizo una señal con sus hombros como quien quiere decir "ok", y se fue.

Al pasar varias semanas, él sintió nuevamente que Dios le hablaba acerca de esto y vino a preguntarme: "Mi vida, ¿ya escribiste la canción para tu papá?". Al oír el sonido de esta pregunta redundante pude sentir como si una lava comenzara a hervir dentro de mí y subía hasta hacer la erupción de una ira que no había dejado salir en mucho tiempo. "¿Acaso no te dije que lo haría cuando lo pudiera? No he podido y esto es demasiada presión. ¡Deja de presionarme! ¿Por qué simplemente no puedes dejarlo ahí? ¿Por qué no dejas que lo que está muerto quede muerto?".

Su rostro se puso pálido y quedó congelado en una expresión de asombro. Nunca antes había reaccionado de esa manera sin provocación. Ese dolor antiguo de la muerte de mi papá había estado incrustado en mi corazón por tanto tiempo que se me había olvidado que estaba ahí. Carlos simplemente me pidió disculpas y se fue a la otra habitación. Mis pensamientos revoloteaban como buitres circulando alrededor de la agonía, y no podía silenciar la locomotora de mis pensamientos. Esta simple invitación de honrar a mi padre con una canción había sacudido la tierra que estaba en el fondo de las aguas estancadas de mi alma y apestaba.

Esa noche estaba viendo la repetición de un episodio de mi programa de televisión favorito del momento, que se llamaba ER [Sala de Emergencias]. Este episodio en particular mostraba la historia de un hombre con un pasado turbulento que se había vuelto alcohólico y que muere lentamente al desgastarse su hígado por causa de una cirrosis. Cada aspecto de la vida de este personaje me recordaba la vida de mi papá, pues murió bajo las mismas circunstancias. Ver a ese hombre morir en la televisión fue como si estuviera viendo a mi padre pasar por ese proceso justo ante mis ojos. En la última escena, el hombre moribundo tiene visiones de una especie de realidad alterna en donde ve a su hijo y le dice: "Lo siento… [cuánto] lo siento". Y sus últimas palabras antes de expirar fueron: "Todo está bien… Hijo". Estas palabras me traspasaron. Yo no tuve oportunidad de decirle adiós a mi papá. Su vida se me fue muy pronto y ese capítulo permaneció abierto e inconcluso por todos estos años. El dolor agudo que cargaba desde el día en que murió aún mantenía abierta una gran herida en mi alma.

Al ver a este personaje sin vida sobre la cama de un hospital, no pude resistir y estallé en llanto. La niña de seis años que aún estaba atrapada en mi interior sufría y lloraba lo que no pudo llorar cuando la vida le cambió tan rápido, demandando que creciera demasiado pronto. Aún ni podía mantener mi cabeza en alto. Al escuchar mis sollozos quebrantados, Carlos corrió desde la otra habitación hacia donde yo estaba. Él había estado escuchando y esperando. Sabía que el Espíritu Santo estaba haciendo algo en mi interior. Inmediatamente me tomó dulcemente en sus grandes y cálidos brazos y me sostuvo mientras yo gemía. Después de un rato, cuando mi llanto comenzó a sosegarse, me preguntó con mucha ternura: "Mi amor, ¿necesitas ir a la tumba de tu papá a decirle adiós?".

Yo no me había dado cuenta de que durante todos estos años no solo sufría por la pérdida, sino también por no haberle podido decir adiós a una de las personas más importantes de mi vida. Pero el Espíritu Santo se traía algo. Durante semanas Él me había estado preparando el camino para poder sanarme al traer todo ese dolor añejo a la memoria. Y mi respuesta a la dulce pregunta de Carlos fue un tembloroso "Sí", mientras que tanto él como el Espíritu Santo, me rodearon en un mismo abrazo y permanecieron quietos, allí conmigo, en medio de mi sufrimiento.

———— ✦ ————

El tiempo de viajar al norte de Nueva York, donde se encontraban los restos de mi papá, ya había llegado. Para nosotros era un poco riesgoso en todo el sentido de la palabra. Vivíamos con un salario mínimo y habíamos juntado lo poco que teníamos guardado para poder llegar hasta allá, algo que me ayudaría a dar otro paso hacia mi sanidad y restauración. Fuimos a visitar a mi abuela, a quien no había visto desde pocos días antes de morir mi papá. Después de eso nuestra relación se había basado en la ocasional postal de cumpleaños o Navidad y había sido de esta manera por casi dieciocho años desde la última vez la vi.

El momento en que nos vimos hubo una pausa. A ambas se nos notaba cómo habían pasado casi veinte años. Mirarla fue como ver a mi papá otra vez. Tal vez porque miraba a la matriarca de la que él había heredado sus hermosos ojos verdes, y por la cual me los pudo pasar a mí, pero indudablemente podía verlo a él en su mirada. Yo sabía que ella también lo podía ver en la mía. Fue un momento de sentimientos agridulces. Había un aire de tristeza, ya que él no podía estar ahí para ser testigo de este precioso momento. A pesar del dolor que ambas sentíamos en nuestro corazón, nos enamoramos la una de la otra de nuevo. Luego de romper el hielo con conversaciones formales y un tanto tímidas, muy pronto nuestra charla se convirtió en un muy anhelado y amoroso intercambio de corazón a corazón. Descubrimos tantas cosas que teníamos en común. Fue muy sanador entender que mucho acerca de mi manera de pensar, sentir, reaccionar y vivir, provenía de ella. Al fin pude verme en alguien, ser común con alguien, algo que no sentía muy a menudo con el resto de mi familia.

Más tarde ese día, me llevaron al lugar donde yacían las cenizas de mi papá. Camino al cementerio pensaba que al llegar sería como en las películas. Me había visualizado en un gran

> No había prisa en salir de mi momento de angustia y dolor. Dios me entendía y por tanto se aseguró de que aún en medio de mi pesar tuviera su consuelo.

———— ✦ ————

cementerio caminando por filas y filas de tumbas, preparándome minutos antes para ese momento decisivo que tenía por delante. Sin embargo, al llegar y abrir la puerta del auto pude ver rápidamente que era un pequeño cementerio de pueblo. Para mi gran sorpresa y a primera vista, ahí estaba, justo frente a mí, mi apellido gravado en una piedra de mármol negro a sólo pocos metros. Al ver mi apellido en esa gran piedra, sentí que mis rodillas se debilitaron. Una grave punzada creció en mi interior; así como el momento en que mamá bajó del cuarto del hospital con las terribles y estremecedoras noticias de su muerte. Habían pasado cerca de dos décadas, pero seguía siendo igual de doloroso. De hecho, pareciera que no había pasado ni un día.

El momento de decirle adiós finalmente había llegado. A cada paso que daba desde el auto hasta su tumba sentía que se añadía una carga muy pesada a mis hombros. Mi paso se hizo cada vez más lento y más débil, hasta que finalmente colapsé justo frente de su piedra sepulcral. Quería salir corriendo, pero a la vez quería quedarme. En alguna extraña manera quería meter mis brazos traspasando la tierra para de algún modo tomar a papá de los hombros y despertarlo, sólo para sentirlo abrazarme otra vez. Pero eso era imposible. Podía sentir un gran dolor hirviendo dentro de mí y una agonía creciendo lentamente que se hacía paso para salir. En segundos exploté. Lágrimas fundidas escaparon por mis ojos. Ya no pude aguantarlas más y lloré. Lloré a gritos. Grité su nombre como aquel domingo que me di cuenta que se había ido. Deje caer mi cabeza sobre la tierra y amargamente gemí.

Mis acompañantes se fueron y me dejaron para tener mi momento allí. Yo estaba sola frente a esa tumba. Él ya no estaba allí. Pero aún así tenía que finalmente dejarlo ir, no por él sino por mí. ¿Pero cómo? Yo no tenía la menor idea de cómo hacerlo. De repente, en medio de una lúgubre quietud sentí una brisa que rozó mi rostro. Fue extraño porque no se movía ni una hoja de todos los árboles que tenía a mi alrededor. Pero una brisa alzaba mi cabello de sobre mis mejillas cubiertas de lágrimas, como brindándome una tan necesaria caricia de consuelo. ¡Era el Espíritu Santo, el Consolador! Él estaba ahí en mi momento de dolor. Pude sentir su abrazo, que era más profundo del que puede dar cualquier brazo humano. Su presencia permaneció allí conmigo todo el tiempo que yo necesite. No había prisa en salir de mi momento de angustia y dolor. Dios me entendía y por tanto se aseguró de que aun en medio de mi pesar tuviera su consuelo.

Luego de llorar un rato y de dejar salir todos esos años de sufrimiento embotellado, sentí al Espíritu Santo guiarme a lo que debía decir. Por su dirección hablé a mi padre. "Papá, estoy enojada contigo. ¡Me dejaste! No pensaste que tu adicción me lastimaría, pero lo hizo. He tenido que vivir con este dolor todos estos años, por culpa tuya. Te he extrañado, necesitado, y también me he enojado. Pero hoy…yo te perdono. Te libero de todos mis juicios y te dejo ir. Finalmente voy a enterrarte. Me declaro libre de este luto en el nombre de Jesucristo. Y me sostengo en la esperanza de que algún día, cuando llegue mi tiempo, te veré otra vez. Mientras tanto, voy a seguir viviendo libre del dolor que me causaste. Te amo, y siempre te voy a extrañar, pero ahora es momento de decirte adiós".

Ese día no fue mi padre, sino mi corazón quien finalmente pudo descansar en paz. Mientras regresé a mi casa de ese viaje divinamente designado, entendí que mi identidad ya no estaba basada en mi orfandad. Mi existencia ya no giraba en torno al dolor por lo que perdí. Mi identidad ahora se hallaba en Aquél que me cargo a través del dolor hacia la sanidad y de regreso a la restauración en Él. Aquél que me levantó de mis rodillas, me sacó de la orfandad, y me dio un hogar, un significado y un propósito. Ahora Dios era mi Padre y mi todo.

Pocos días más tarde, escribí una canción para mi papá. La terminé en quince minutos y la titulé: "El día de tu adiós". Con el fluir de la melodía sentía que Dios ponía las últimas suturas en la cirugía reparadora que acababa de hacerle a mi corazón. Era como medicina para mi alma. Esta canción no tiene la intención de estar en ningún disco o de ser cantada alrededor del mundo. De todas las canciones que he escrito, esta era sólo para mi Papito, para mí y para nuestro Padre perfecto quien llena hoy cada vacío.

> Entendí que mi identidad ya no estaba basada en mi orfandad.

---

## ¿Quién es mi padre?

Por años crecí tratando de imaginar quién era realmente mi papá como hombre. El poco tiempo que lo conocí, mi única percepción de él eran las conjeturas que formaba en mi mente de niña. Para mí, él era el más dulce, amable, gracioso y grandioso del mundo. Aún al día de hoy me impresiona lo grande y tierno que era su corazón, todavía no he conocido a alguien tan empático, sensible y profundo en su manera de amar, como él.

Sin embargo, mientras crecía y comenzaba a procesar las cosas como una adulta, veía como los mayores tienden a enmascarar lo malo y engrandecer lo bueno de sí mismos por el bien de sus hijos. Entonces comencé a cuestionar pensando cosas como: *¿Realmente él era tan amoroso? ¿En verdad era tan importante para él estar juntos como parecía? Si era así, ¿por qué no pudo dejar de tomar y permanecer vivo para estar aquí conmigo?* En mi adolescencia, la admiración que tenía por mi papá en mi corazón comenzó a nublarse con resentimiento y amargura, desenlazando finalmente en rebelión. Comencé a ver a Dios a través de mi percepción torcida de lo que era un padre.

Culpaba a Dios por llevarse a mi papá tan pronto, y por no procurar algún tipo de intervención divina para quitarle la adicción sobrenaturalmente. En ese tiempo de mi vida comencé a juzgar a mi papá como un alcohólico "bueno para nada" que no podía siquiera mantenerse vivo para ser mi padre. Sin saberlo comencé también a juzgar a Dios creyendo que, al igual que mi padre, Él también era un incompetente en su paternidad.

Cuando visualizamos a Dios como Padre, tenemos la tendencia humana de medirlo de acuerdo al ejemplo que nos dio nuestro padre terrenal. Si nuestro papá fue bueno y amoroso, entonces tendremos mejor idea del buen Padre que es Dios. Más si tuvimos un padre que no fue bueno, que fue irritable, áspero, iracundo, maltratador, abusivo, violento, irresponsable o ausente, entonces aplicaremos esa misma percepción para con Dios. En mi caso, mi padre era muy amoroso, pero un individuo con grandes fallas, y el último tiempo ausente de mi vida.

Cuando escuchaba que Dios era "Padre", simplemente no podía visualizarlo como nada más que una enorme figura, Creador de todo cuanto existe, Todopoderoso, que me amaba, pero que estaba muy distante. Muy dentro de mí creía que, así como mi padre ya había partido al cielo, Dios también estaba allá lejos reinando sobre todas las cosas grandes y relevantes de la creación. Ciertamente no me consideraba una de esas cosas relevantes que ameritara la atención de Dios. También pensaba que si era buena en esta vida podría ir al cielo cuando muriera, y sólo entonces conocer a Dios y disfrutar de una relación con Él.

¡Cuán equivocada estaba! Dios no está lejos en lo absoluto. Él está más cerca que nuestro mismo aliento. De hecho, Él *es* ese mismo aliento. *"Enton-ces el SEÑOR Dios formó al hombre del polvo de la tierra. Sopló en su nariz aliento de vida, y el hombre llegó a ser un ser viviente"* (Génesis 2:7, RVA2015). Él es el Alfa y la Omega, principio y fin (Apocalipsis 1:8); el Controlador del tiempo y el espacio (Salmo 90:4; 2 Pedro 3:8) y el Amo y Señor de todas las cosas imposibles (Marcos 10:27). A la misma vez, Él es ese Papá que aún hace tiempo para abrazar a sus hijos en sus grandes y perfectos brazos.

La Biblia está llena de características de Dios, el Padre. Él es amor (1 Juan 4:8), ama abundantemente, persistentemente e inagotablemente (1 Juan 3:1; Jeremías 31:3). Su compasión es para siempre (Salmo 103:13), especialmente para los que son desafiantes ante Él (Isaías 49:13–16). Ade-más de ser Padre de compasión, también es el Dios de toda consolación (2 Corintios 1:3). Él es leal en todo y hasta el final (Isaías 43:2). Él es cui-dador y está pendiente de nuestras necesidades (Deuteronomio 1:31).

Dios es familiar y cálido en sus afectos. Él ama ser llamado "Abba" (Gálatas 4:6 Un término cariñoso en arameo que quiere decir "Papito"[34]). Él es perfecto (Mateo 5:48), sus caminos y su protección también lo son (Salmo 18:30), y es incapaz de fallar como lo haría un padre terrenal. Él ama dar (Santiago 1:17; Mateo 7:11), al punto que dio a Su hijo Jesucristo para poder salvarnos y tenernos a su lado por toda la eternidad (Juan 3:16).

Nuestro Padre celestial es nuestro protector (2 Samuel 22:3–4; Salmo 46:1; 91:1–3; 121:7–8; 2 Timoteo 4:18). Él tiene cuidado de los abandona-dos, débiles e indefensos (Salmo 60:5). Él es el Padre eterno (Isaías 9:6) y siempre está ahí cuando lo necesitamos. Él corrige y disciplina cuando es necesario (Hebreos 12:7, 10), más es siempre perdonador (1 Juan 1:9). Y la mejor parte, Dios *nunca* nos deja (Mateo 28:20).

Tenemos al Padre más grandioso de todos. Él ama generosamente, guía sabiamente, y nos busca constante y absolutamente. Él nunca se can-sa de nosotros, y su pasión es inquebrantable. Él no se cansa de bende-cirnos abundantemente y anhela que podamos vivir la mejor y más plena vida en Él. Su mayor deseo desde el principio de la fundación del mundo ¡somos *nosotros*! Aun cuando nuestros padres terrenales no cubran su res-ponsabilidad de criarnos bien, seguimos teniendo al mejor padre en Dios (Salmo 27:10). Todo lo que necesitamos hacer es dejarle ser lo mejor que Él es: nuestro Papá.

———◆———

## Oración a Dios, el Padre

He llegado a conocer a Dios como un Padre y he permitido que Él sea mi todo. En un principio no fue fácil soltarle el control y dejar que Él tomara las riendas de mi vida. Sin embargo, mientras más me rendía a Él, más Él se revelaba a mí, y como resultado llegué a amarle más y más. Si has vivido tiempos difíciles con tu figura paternal, sé lo duro que es remover esos conceptos de tu mente. Pero te digo, Dios es el Padre perfecto que siempre has deseado, necesitado y soñado. Lo mejor es que Él es real y está ahí. Sólo espera que te rindas a Él y le dejes entrar completa y verdaderamente.

Oro que puedas conocer a Dios el Padre tanto o más de lo que yo lo he conocido. Te animo a que continúes conociendo el corazón del Padre y que te acerques más a Él. Haz esta oración:

*Dios y Padre:*

*Tú que estás en el cielo reinando sobre todo, te alabo. Vengo delante de ti sediento de tu amor. Hoy elijo reconocerte como mi Padre. Perdóname si te he juzgado de acuerdo a los errores de mis padres terrenales. Ahora sé que Tú eres perfecto y brindas todo amor, compasión, bondad, paternidad, protección, ánimo, lealtad, y eres el mejor dador de cosas buenas. Tú eres real y estás intensamente en mi búsqueda; y quieres que también yo esté buscándote intensamente a ti. Mientras me rindo, ven y llena mi corazón, aún las áreas que había intentado esconder de ti. Ven y toma el control de mi vida y enséñame cómo obedecerte y seguir tu voluntad. Hoy, levantaré mi cabeza en alto, porque tú eres mi Padre y yo soy tu hijo.*

*Amén.*

## Escrituras para sostenerte al buscar la paternidad de Dios:

*"Pero para nosotros: Hay un Dios, el Padre, por quien todas las cosas fueron creadas*

y para quien vivimos; y hay un Señor, Jesucristo, por medio de
quien
todas las cosas fueron creadas y por medio de quien vivimos".
—1 Corintios 8:6 (NTV)

"Bendito sea el Dios y Padre de nuestro Señor Jesucristo,
quien nos ha bendecido
en Cristo con toda bendición espiritual en los lugares
celestiales".
—Efesios 1:3 (RVA2015)

"Pero ahora, oh SEÑOR, tú eres nuestro Padre.
Nosotros somos el barro, y tú eres nuestro alfarero;
todos nosotros somos la obra de tus manos".
—Isaías 64:8 (RVA2015)

"De modo que sean hijos de su Padre que está en los cielos,
porque Él hace salir
Su sol sobre malos y buenos,
y hace llover sobre justos e injustos".
—Mateo 5:45 (RVA2015)

"No seas como ellos, porque tu Padre sabe exactamente lo que
necesitas,
incluso antes de que se lo pidas".
—Mateo 6:8 (NTV)

"Miren las aves del cielo, que no siembran, ni cosechan,
ni recogen en graneros, y el Padre celestial las alimenta.
¿Acaso no valen ustedes mucho más que ellas?".
—Mateo 6:26 (RVC)

"Pues si ustedes, siendo malos, saben dar cosas buenas a sus hijos,
¿cuánto más su Padre que está en los cielos dará cosas buenas
a los que le piden?".
—Mateo 7:11 (RVA2015)

# Capítulo 10

# ❦ YO SOY SU HIJA ❦

*"Ya no soy esclavo del temor; soy hijo de Dios".*
—JONATHAN & MELISSA HELSER,
NO LONGER SLAVES (NO MÁS ESCLAVOS)

*"Llamarte a ti mismo un hijo de Dios, es una cosa.
Ser llamado un hijo de Dios por aquellos que observan tu vida, es
totalmente otra cosa".*

—MAX LUCADO
Autor de superventas, predicador y pastor[35]

EL DÍA QUE comencé a escribir este libro llegué a la conclusión de quién era realmente ante los ojos de Dios. La primavera estaba emergiendo en la ciudad de Miami, Florida. Yo era parte de una exposición de literatura y música llamada Expolit. Había estado asistiendo a este evento anual por una década, desde el principio de mi carrera musical y ministerio. Sin embargo, este año era especial. Era un año en que Dios estaba cumpliendo promesas específicas, tal y como Él dijo que lo haría. Una de ellas era que me convertiría en autora.

Un día particular del evento, a primera hora en la mañana, me encontré con el equipo de la casa publicadora de este libro para firmar nuestro contrato. Mientras caminaba hacia el salón de reunión, mi corazón latía cada vez más fuerte, mis pasos se hacían más ligeros, y mi sonrisa se expandía casi más de lo que mi rostro podía soportar. Cuando todos los documentos se firmaron, mi esposo Carlos y yo celebramos con nuestra nueva familia literaria, y luego continuamos con la agenda muy ocupada del día. ¡Me esperaba un día agitado y ocupado! Entre múltiples entrevistas de radio, apariciones televisivas, participaciones musicales, y aún tener un tiempo para conocer y saludar los asistentes de la expo, quienes siempre me brindan su amor y apoyo, la mañana pronto se convirtió en la noche.

Mi último compromiso del día era una participación musical en el concierto de medianoche. A causa de algunos percances de última hora atrasaron el tiempo de producción un par de horas. Y ahí estaba, agradecida por un día tan productivo y bendecido, pero agotada y cansada después de estar de pie desde antes de la salida del sol hasta las últimos lapsos de la noche. Ya llevaba casi veinte horas de pie, impulsada sólo por la poquita energía que me quedaba.

En un día normal, usualmente hago pausas para tomar un respiro y hablar un poco con Dios. A veces tengo mucho para decir, y a veces no. Otras veces solamente quiero disfrutar de saber que Él está ahí, aunque no diga una sola palabra. Estoy tan enamorada de mi Salvador que lo más importante para mí en estos momentos es el simple hecho de tener un intercambio de amor con Él, sólo "porque sí". He llegado a depender tanto de Dios que a menudo me encuentro buscando desesperadamente más tiempo con Él, sumado al rato que paso en las mañanas o las noches. Este día en particular, con tanto que estaba ocurriendo, no había tenido ese tiempo para hablar con mi Padre celestial en toda la jornada. Así que, cuando escuché de los atrasos de última hora y los cambios en la agenda de producción supe que tendría la oportunidad perfecta para conectar con mi Abba, aunque fuera por unos minutos.

Estaba sentada en una mesa de la esquina hablando con mi Padre. Dejando salir un suspiro de cansancio le dije en voz baja: "Gracias Señor". En un instante y antes de decir cualquier otra cosa, pude sentir que su gloria me sobrecogía, me rodeaba, y abrazaba cada milímetro de mi existencia. En ese momento justo, Él me dio una visión. He sido bendecida con el privilegio de ver visiones de parte de Dios. De hecho he visto muchísimas desde que era niña. Pero esta era diferente, porque por primera vez, ¡era una visión de mí! Estaba atónita. Estoy acostumbrada a ver visiones de otra gente y otras situaciones, pero nunca de mí.

En esta visión pude ver lo que parecían imágenes de un filme enfotos de mí misma a lo largo de ese preciso día. No me veía desde una perspectiva propia, sino desde la de alguien mucho más alto que yo, mirándome desde arriba. Mientras observaba hacia abajo para verme, vi imágenes de mí misma haciendo varias de las cosas que hice ese día: despertando en la mañana y hablando con Dios, preparándome y arreglándome para el día, en la reunión esa mañana firmando el contrato para este libro, en todas las entrevistas de radio y televisión que disfruté, envolviendo mis brazos alrededor de cada persona que abracé, tomándome fotos o firmando algún material para el que me lo pedía, preparándome tras bastidores, y finalmente en ese justo momento en el que me encontraba en esa esquina hablando con Dios. La curiosidad acerca de lo que el Señor quería revelarme hizo que me adentrara aún más en su Presencia. Y allí en esa esquinita rodeada de su amor, él me susurró con la voz más dulce que pueda existir. Podía escuchar una sonrisa en sus palabras cuando me dijo: "Yo me deleito en ti".

Tales palabras estremecieron por completo mi ser. Pronto después, era tiempo de subir a la plataforma. Yo estaba dispuesta a mantener mi compostura para cumplir con mi último compromiso del día, pero estaba deseosa por continuar esta conversación con Dios. Así que cuando terminó todo, me fui a mi habitación del hotel a toda prisa. Al llegar, por unos minutos descomprimí mi cuerpo y alma después de un día tan ajetreado, y finalmente entré a la cama resumiendo mi preciosa charla con el Señor antes de dormir. Comencé a darle gracias otra vez, anonadada de que Dios, el Soberano y Eterno Dios, Creador de los cielos y la tierra, el más Alto Rey del mayor poder y Digno de todo honor y gloria para siempre, le dijera a esta pequeña que se deleitaba en ella. ¡Casi no lo podía creer! Y tampoco lo podía entender.

Sabía que Él no me había dado esta visión porque yo sea una mujer súper espiritual ni nada por el estilo. Tampoco me habló de esa manera porque yo lo merezca, porque sinceramente no es así. Él me dio esta visión como me ha dado otras, simplemente porque quería decirme algo. Dios tiene una manera muy particular de bajar a nuestro nivel cuando quiere comunicarse con nuestro corazón. Y como un buen Padre, que se arrodilla para ver a su hijo a los ojos, nos habla de la manera que mejor entendemos. He aprendido que usualmente cuando Dios quiere hablarnos, lo hace de la forma que mejor podemos "escucharlo". Si somos visuales, Él nos muestra alguna imagen o un retrato visual en nuestro interior. Si somos más auditivos, puede que escuchemos un sonido o palabras hablando a nuestro interior. Si somos más sensoriales, puede que podamos percibir olores, sabores o sensaciones en nuestro cuerpo. Ese día, Dios me habló a través de una visión y esas cinco palabras: "Yo me deleito en ti".

Mientras le di gracias a Dios pude sentir al Espíritu Santo traer a memoria los pasajes de Mateo 3:17 y 17:5: *"Este es mi Hijo amado en quien tengo complacencia"*. Luego instó a mi corazón que buscara la traducción literal que dice: "Este es mi Hijo, mi amado, en quien yo *me deleito*" [traducido por la autora al español del "Young's Literal Translation" (énfasis añadido)]. No podía concebir que Dios dijera tales palabras refiriéndose…a mí. Toda mi vida pensé que esas palabras eran exclusivas para Jesús. Mientras todos estos pensamientos inundaban mi mente y yo trataba de comprender esto tan nuevo para mí, escuché al Padre susurrarme otra vez diciéndome: "Yo soy tu Padre", y pausó antes de continuar diciendo: "pero, Tú *eres* mi hija, ¡y yo me deleito en ti!". El sonido de esas palabras reverberó tan fuertemente en mi espíritu que comencé a llorar. Aun ahora, mientras lo recuerdo, me siento temblar y mis ojos se llenan de lágrimas. Finalmente pude entender. Pensé que esto fue dicho a Jesús por ser Dios encarnado; pero lo que recibía estaba cambiando mi percepción. ¡Dios se deleitaba en Jesús por ser Su *Hijo*, fuera Dios o no! Tener la certeza de la paternidad de Dios es solo parte del conocimiento pleno de quién es Él. Saber que Él es mi Padre no es suficiente para completarme; también debo saber, aceptar, afianzarme y vivir mi vida de acuerdo a que ¡también yo soy su hija!

———— • ————

## Hijos de Dios

Estoy segura de que la gran mayoría de las personas que han estado cerca de la cristiandad han escuchado el término: "Dios, el Padre", lo que hemos explicado en mayor detalle en el capítulo anterior. También estoy segura de que mucha gente ha relacionado la expresión "hijos de Dios" con los cristianos. Pero, ¿realmente sabemos lo que es ser hijo de Dios? Veamos.

> Mirando constantemente a través del velo de mi entendimiento fracturado, no podía ver la verdad de que yo no era lo que mi familia había formado, sino la persona que Dios deseaba que yo fuera.

———•———

La palabra "hijo" se refiere una persona respecto de sus padres de nacimiento, adoptivos o por casamiento.[36] En nuestra sociedad moderna la noción de ser hijo de alguien parece estar en declive. No es raro ver niños que al crecer se alejan casi como escapando de sus padres. Tal vez sea por razones válidas, como la negligencia o el abuso. Aun así, algunos intentan con todas sus fuerzas distanciarse de sus padres y madres, en especial cuando tienen desacuerdos que usualmente son mucho más simples de lo que ellos piensan. Otros hasta sienten vergüenza de quiénes son sus progenitores.

Por favor, entiende que mi intención no es juzgar en ninguna manera. Simplemente lo señalo, ya que por un tiempo yo era una de estas hijas distanciadas. Hoy día, después de mucha sanidad y restauración, gozo de una hermosa y saludable relación con mis padres y familia, pero no siempre fue así. En mi rebelión hice todo lo que pude para rechazar a mi madre y su sabiduría, y por cerrar la puerta a cualquier tipo de relación con mi padrastro. En ocasiones, me inclinaba más a la confrontación que a tener una conversación civilizada. Era tan infeliz conmigo misma que rechazaba cualquier cosa que tuviera que ver con mi formación y crianza, lo cual para mí representaba memorias dolorosas. Mirando constantemente a través del velo de mi entendimiento fracturado, no podía ver la verdad de que yo no era lo que mi familia había formado, sino la persona que Dios deseaba que yo fuera. Ahora puedo ver, mediante la restauración de mi pensamiento, que el Señor usó todas y cada una de mis circunstancias para formarme, haciéndome lo que Él siempre quiso que yo fuera: *suya*.

Tal vez te preguntes qué significa ser hijo de Dios. ¿Acaso es lo mismo que conocer y aceptar que Dios es nuestro Padre? Claro que no. Y aquí está el porqué. Muchos de nosotros reconocemos a Dios como Padre y Creador. La mayoría de nosotros hasta somos reverentes cuando se habla de Dios, cuando vamos a la iglesia o incluso cuando alguien está orando al Padre. Pero vivir de acuerdo a ser su hijo, *realmente* su hijo, aunque está relacionado, es bastante diferente.

## Ser un hijo

La primera cosa que debemos entender es que para ser un hijo de Dios debemos enfatizar en ser como un *niño*. La Biblia nos cuenta la historia en Lucas 18 de cómo los discípulos de Jesús reprendían a la gente por traer niños a Jesús para que pusiera las manos sobre ellos y orara. Él inmediatamente les respondió y "los llamó diciendo: 'Dejen a los niños venir a mí y no les impidan porque de los tales es el reino de Dios. De cierto les digo que cualquiera que no reciba el reino de Dios como un niño, jamás entrará en él'" (verso 16–17, rvc2015).

¿Alguna vez has observado a un niño? ¿Te has detenido a observar de cerca cómo actúan cuando creen en algo? Yo ciertamente lo he hecho.

Amo a los niños y aprendo mucho de ellos. Lo que más he aprendido acerca de ellos es la manera en que creen. La fe de un niño es inquebrantable. Si un hijo ve que los brazos de su padre están extendidos para sostenerlo, no duda en saltar, sin importar el vacío que haya de por medio. Ellos se amparan en lo que creen cierto, y hacen reclamos en nombre de sus creencias cuantas veces sea posible. Más aún, ellos *esperan* estar a salvo con mamá y papá. Si sus padres hacen una promesa, ellos saben que la cumplirán; si no, ellos seguramente sabrán cómo seguir recordándolo lo suficiente como para asegurarse de que se cumpla. Ellos saben en quién creen.

Un verdadero hijo de Dios sabe que está bien depender de Él. Fuimos diseñados para la dependencia, no para la independencia, como este mundo ha luchado por siglos para hacernos creer. La dependencia para la cual fuimos creados es la *Dios*-dependencia. Todo lo que somos, todo lo que hacemos y todo lo que llegaremos a ser y hacer, es por causa de Él. Nosotros *necesitamos* a Dios. Por ende, debemos depender de Él como nuestra única fuente de vida.

Un buen ejemplo de eso en mi vida ha sido mi relocalización. Al poco tiempo de casarme y después de haber pasado prácticamente una vida entera en Puerto Rico, Dios nos habló a Carlos y a mí de mudarnos fuera de la isla que nos vio crecer. En un principio fue sumamente difícil obedecer con esa fe "de niños". Tan difícil fue que tardamos un año entero en dar el paso de fe y creerle a las promesas de Dios. Ese fue el uno de los años más difíciles de nuestra vida.

De tener estabilidad y comenzar a ver que nuestro ministerio crecía, casi de repente comenzamos a ver una súbita escasez. Fue como si la llave de nuestra bendición se hubiera girado y se hubiera cerrado nuestra fuente. Al cumplirse casi un año desde que Dios nos había hablado, entendimos por qué nos estaba pasando esto. Aprendimos que cuando hacemos pacto de obediencia con Dios, Él lo toma en serio. Cuando nos dice que nos movamos es porque hay una mayor bendición que surge como fruto de nuestra obediencia. Aprendimos también que cuando Dios nos habla de mudanza, Él usualmente muda nuestras bendiciones al lugar donde *debemos* estar y no necesariamente el lugar que *queremos* estar.

Cuando al fin captamos que en la obediencia y dependencia de Dios está la mayor bendición, reunimos todo lo que nos quedaba y compramos dos boletos de avión, llenamos cuatro maletas con nuestra ropa y dos cajas con nuestros documentos importantes. Todo lo demás lo regalamos a quien lo necesitara. Y así comenzamos de nuevo dando el primer paso grande de fe como familia. Nos mudamos a Orlando, Florida en Estados Unidos. Vivimos un desierto en donde Dios nos procesó desintoxicándonos de la dependencia de nosotros mismos y nutriéndonos con la dependencia de Él. Seis años más tarde, cuando Dios nos pidió que nos mudáramos a Dallas, Texas, donde actualmente vivimos, fue menos difícil obedecerle, pues ya habíamos aprendido que cuando Papá dice "brinca" es porque sus brazos nos sostendrán y siempre nos llevarán a un mejor lugar. ¿Por qué? Simple. Porque *"donde está el Espíritu del Señor"*, (y yo también digo, "donde nos dejamos llevar por el Espíritu de Señor"), *"allí hay libertad"*, y *"somos transformados de gloria en gloria...por el Espíritu del Señor"* (2 Corintios 3:17–18, énfasis añadido).

Para poder depender de Dios y cumplir nuestro destino en Él, debemos tener una fe inquebrantable como la de un niño. La clase de fe que mira a la montaña que Dios dijo que removería y le dice: "Sal de mi camino gran montaña. ¡Mi Papá lo dijo así!". La clase de fe que no desfallece en la tormenta, sino que permanece cerca del Padre para atravesarla bajo el refugio de sus alas, sabiendo que en su tiempo, Dios seguramente hará lo que dijo que haría. La clase de fe sin la cual es imposible agradar a Dios (Hebreos 11:6), y como me gusta añadir, la clase de fe audaz que hace a nuestro Padre reírse maravillado por lo firmemente creemos en Él.

## Ser *Su* hijo

Aparte de ser *como* niños, también está el asunto de vivir nuestra vida en una manera que nos identifica como los niños *de Dios*. Aunque parezcan términos similares y vayan de la mano, la última es mucho más que el anterior.

En un buen libro titulado, *Think Differently, Live Differently: Keys to a Life of Freedom* [Piensa diferente, vive diferente: Las llaves para una vida de libertad], el autor Bob Hamp ilustra una brillante historia que ejemplifica esta misma noción. Se llama *La parábola del acróbata*. Cuenta de un niñito nacido de una pareja de asombrosos acróbatas. Sus habilidades súperhumanas para desafiar la gravedad habían sido pasadas de generación en generación. Por esta razón, cuando el niño nació, con él también nació la promesa de que sería justamente eso, un acróbata fenomenalmente talentoso.

El gozo de su nacimiento provocó gran celebración, pues había llegado otra generación que llevaría adelante las maravillas de estos atletas excepcionales. Algunos días más tarde todos se encontraban en su tren, camino al próximo destino donde expondrían su alucinante espectáculo, cuando varias horas más tarde se dieron cuenta de que de alguna manera el recién nacido se había caído del tren. Frenéticamente, los padres y amigos regresaron rastreando todo el camino para hallar al bebé, esperando lo peor, pero sin éxito. El niño no pudo ser hallado en ninguna parte.

Poco antes de que los acróbatas terminaran su búsqueda en el camino trazado, una pareja de granjeros de un pueblo vecino estaba caminando cerca de las vías del tren. Su caminata fue interrumpida por un sonido inusual entre los arbustos, que al revisar resultó ser nada más que el tierno bebé recién nacido que cayó de un tren, milagrosamente intacto. Tras buscar a los padres del niño sin éxito, los campesinos decidieron quedarse con él y cuidarlo como suyo propio. Ellos no podían tener hijos, y su esterilidad poco a poco se había llevado la esperanza de alguna vez procrear, hasta ese momento.

Los campesinos criaron al niño enseñándole el estilo de vida aquietado y estable al que estaban acostumbrados. Pero, pronto el niño creció con un deseo innato por la aventura, las alturas y una urgencia por desafiar la gravedad. Instintivamente se trepaba a todo lo que podía y hacía piruetas subiendo y bajando de cualquier obstáculo. Todo en su interior lo impulsaba a trepar, a colgar, a saltar, y hacerlo nuevamente. Sus genes dictaban sus movimientos más de lo que pudo su crianza. Esto no les parecía bien a sus padres, quienes siempre habían estado con sus pies bien puestos en la tierra. Pronto la mirada de terror en el rostro de su mamá cada vez que cedía ante sus dones naturales, comenzó afectarle. Eso, junto con las golpizas que le daba su padre cada vez que daba rienda suelta a sus impulsos y se asustaba, hizo pensar al niño que había algo que andaba muy mal en él.

Al pasar de los años, ser "él mismo" cambió. Lentamente el niño perdió la esperanza de que algún día pudiera realizar aventuras que desafiaban la gravedad, algo que realmente lo entusiasmaba y lo hacía sentir pleno. Y para poder ser un buen hijo, se resignó a la vida callada de un granjero. Como dice el autor: *"En años pasados, los profundos anhelos eran una distracción; ahora ni siquiera eran una memoria. Ya no miraba las colinas y los árboles. Él había guardado y escondido esos sentimientos* exitosamente como a un viejo juego de herramientas, ya no más útiles, ya no más usados... Pronto él desarrolló una reputación de ser un joven iracundo con una tendencia a pelear. La fuerza reprimida de sus músculos gritaba por un escape... Pero después de cada pelea, nunca se sintió aliviado, sino sólo avergonzado. La vergüenza le hizo evitar a sus compañeros y volverse cada vez más aislado. Este aislamiento le llevó a más frustración y se convirtió en un ciclo interminable".[37]

Un día inesperadamente vio un afiche que lo intrigó. En aquél papel había imágenes de elementos que desafiaban la gravedad, los cuales atraía cada fibra de su ser de una manera inexplicable. Él y sus padres hicieron planes para ir a ver ese espectáculo especial que estaba pasando por su ciudad. Cuando llegó el día y al terminarse el programa de esa noche, surgió un despertar dentro de este joven. Al finalizar la presentación se sintió inmediatamente atraído por los asombrosos artistas gimnastas que habían estado frente a las luces, cautivando al público.

Entre todos los jóvenes acróbatas había una pareja mayor que captó la atención del campesino y su esposa, quienes se mantenían cerca de su hijo. La mujer acróbata notó la manera tan cercana en que la mujer campesina cuidaba y observaba al joven y le preguntó si era su hijo. Esta pregunta rompió el hielo de lo que sería una conversación mucho más profunda. Pronto después de responder afirmativamente, la esposa del granjero preguntó cortésmente a los acróbatas la pregunta recíproca: "Y ustedes, ¿tienen hijos?". La respuesta dio paso a la triste historia de cómo perdieron a su bebé que cayó del tren hacía tantos años. Luego de escuchar los detalles de la historia, fue inevitable para los campesinos descubrir la verdad acerca del niño que ellos criaron y cuidaron por tanto tiempo. Inmediatamente se sintieron movidos a decirles que ellos estaban seguros de que éste, su hijo, era el bebé perdido de los acróbatas.

Cuando el joven terminó de compartir con los otros acróbatas regresó donde estaban sus padres. No pudo evitar notar la tensión emocional que había entre ellos y los otros dos adultos que los acompañaban, y tuvo que preguntar qué estaba sucediendo. Sus padres, todos ellos, procedieron a tomar turnos contándole la historia de quien él era realmente y cómo había llegado a donde estaba. Un torbellino se apoderó de su mente, entendiendo que todo estaba comenzando a tener sentido, sus impulsos, sus sueños, sus deseos, sus frustraciones... todo. Antes que terminara la noche, y sabiendo que sus vidas cambiarían para siempre, los campesinos le dieron a su hijo el poder de escoger irse con sus padres biológicos, y seguir sus pasos para convertirse en quien había nacido para ser.

Fantástica historia, ¿no es cierto? Seguramente, si fueras tú quien estuviera en esta situación, probablemente también tendrías miles de pensamientos corriendo por tu cabeza. Tal vez hasta podrías sentir empatía por la pareja que comparte tu mismo color de ojos y ADN (información genética). Incluso podrías sentir un poco de resentimiento hacia tus padres adoptivos por no haberte dicho que eras adoptado. Pero al ponerte en esta situación imaginaria, te pregunto, ¿crees que sería inmediato sentir, conocer, caminar, y dirigirte como su hijo? Muy probablemente tu respuesta sea no.

Físicamente, comenzamos desde temprana edad a desarrollarnos en quienes seremos. Lo mismo aplica a nuestro crecimiento espiritual. Desde el momento en que aceptamos a Jesucristo y rendimos nuestra vida a Él, comenzamos a crecer en nuestra identidad espiritual.

Regresemos a la historia por un momento mientras señalo algunas cosas. Imagina ahora que *tú* eres el joven de esta historia, y estás descubriendo estas cosas acerca de *ti mismo*. Los padres adoptivos simbolizan tu crianza, tu formación, las costumbres del lugar donde creciste o hasta los líderes espirituales que te rodearon, tal vez la familia de fe de la cual has sido parte. Estas cosas, lugares y personas que te han formado y, sabiéndolo o no, facilitado que conozcas a Dios, tu padre *real y verdadero*. La caída del tren es símbolo de nuestra caída de la gracia de Dios por causa del pecado, algo que satanás siempre ha usado para mantenernos inmersos en la culpa, la vergüenza y las frustraciones que nos alejan de Dios.

A lo largo de tu vida y desde el principio de la fundación de la tierra, Dios ha estado haciendo cosas inmensurables para poder reunirse contigo, conquistar tu corazón y traerte a casa con Él. Pero, aunque puede que hayas descubierto que Él es en realidad tu Padre, quien envió a Su hijo, Jesucristo para pagar el máximo precio por tu rescate, aún hay un procedimiento que debe ocurrir en el pensamiento y el espíritu para convertirte en su hijo: se llama decisión.

La parábola del acróbata termina contando que el joven eligió seguir a sus padres biológicos, cambiar su vida para aprender sus caminos, y así vivir de acuerdo a la verdad de que él era su hijo. Debemos *elegir* seguir a Dios y hacer los ajustes a nuestro estilo de vida y pensamiento para vivir de acuerdo a nuestras verdaderas identidades como hijos de Dios. Debemos decidir actuar y pensar como hijos de Dios para poder vivir como tales. Aquí hay otra manera de verlo. Puede que vayas a la iglesia cada semana y hasta estés envuelto en sus actividades. Puede que te sumes a las creencias de la iglesia y hasta a un código específico de vestimenta. Puede que recites versos bíblicos al derecho y al revés. Pero cuando se trata de tu vida personal, esa que vives en secreto y la cual nadie realmente conoce, ¿estás realmente viviendo y comportándote como hijo de Dios? Más aún, cuando estás en esos momentos a solas contigo mismo, cuando Dios te ve, ¿puede decir de ti: "este es mi hijo y está viviendo como tal" o "Yo me deleito en ti"?

Esto me hace recordar una ocasión en la que estaba haciendo una prueba de sonido tarde en la noche para un evento que teníamos al día siguiente. Durante nuestro receso fui al baño, que más bien parecía una zona de desastre. El asiento del inodoro no había sido limpiado después que alguien lo usó. Habían salpicado agua por todo el suelo y luego dejaron caer mucho papel. Con la entrada y salida de cientos de personas que habían estado en la conferencia durante el día, se había hecho un gran desorden que ciertamente añadiría mucho más trabajo a quien le tocaba limpiarlo.

De repente sentí compasión por la persona que debía limpiarlo. Más allá, tuve la sensación de que debía poner acción a esa compasión y pensé: *"Tal vez deba limpiar un poco este desorden"*. Instantáneamente mi carne me refutó con un pensamiento contrario del mismo enemigo: *"¿Y por qué hacer algo como eso? ¿Limpiar esto? Pero, no hay nadie aquí. ¿A quién podría realmente impresionar?"*. Después de una breve pausa, decidí ignorar ese pensamiento egoísta, enrollarme las mangas, tomar un gran rollo de papel toalla y comenzar a limpiar y a ordenar ese pequeño y solitario baño. Repentinamente pude escuchar la voz del espíritu Santo decir: "Bueno, pues Yo estoy aquí, y sí me estás impresionando a mí". Pude escucharle sonreír mientras lo decía, como sugiriendo un "bien hecho hija" en su tono sonriente.

Por favor, entiende mi corazón. No comparto esto para alardear ni pretender que soy el ejemplo perfecto de lo que es un hijo de Dios. Todavía estoy muy lejos de serlo. Pero, más que enfocarte en lo que hacía, deseo que te enfoques en la intención del *corazón* tras lo que hacía. No importaba si levantaba o no un rollo de papel para limpiar un baño sucio. Lo que importaba era el deseo de hacer a Dios deleitarse con mis acciones. Quería servir, no porque alguien estaba viendo, sino porque sabía que esto sería algo que complacería a Dios. Amo al Espíritu Santo tanto que todos los días deseo hacerlo feliz aunque nadie, y especialmente cuando nadie, me vea.

Ser hijos de Dios no es un término escrito que algunos profetas y apóstoles decidieron que "se escucharía bonito" en la Biblia. Los hijos de Dios realmente viven, respiran, caminan, hablan, hacen, y se abstienen de hacer, con el fin de complacer al Padre, para así enfocarse en amar al Señor nuestro Dios con todo nuestro corazón, con toda nuestra alma, con toda nuestra mente, y con todas nuestras fuerzas; y a nuestro prójimo como nosotros mismos, como Cristo dijo en Lucas 10:27. Así que, ¿cuál es nuestra identidad como hijos de Dios? Somos "*linaje escogido, real sacerdocio, nación santa, pueblo adquirido por Dios, para que anuncie[mos] los hechos maravillosos de aquel que [nos] llamó de las tinieblas a su luz admirable. Antes, [nosotros] no [éramos] un pueblo; ¡pero ahora [somos] el pueblo de Dios!; antes no [habíamos sido compadecidos, pero ahora ya [hemos] sido compadecidos.*" (1 Pedro 2:9–10, RVC, paráfrasis y énfasis añadido).

## Abba, te amo

Yo particularmente amo decirle a Dios "Abba", lo cual es un término en arameo (hebreo antiguo) que significa Papá. Sin embargo, más que sólo la traducción de "Papá", es un término que muestra el cariño de un hijo amado hacia un padre amoroso en una expresión muy cálida y afectiva de confianza filial y relación independiente. Esta palabra no tiene un equivalente perfecto en ningún otro idioma,[38] pero tal vez nuestra palabra más semejante en español sería "Papito".

He hallado que la clave para hacer crecer mi relación de Padre e hija con Dios es hacer su voluntad, pero más que eso es el deleite y el placer de simplemente y solamente estar con Él. Mientras más le busco, solo por estar con Él, más me enamoro de su Presencia. Nuestra verdadera identidad como hijos de Dios es hallada cuando aprendemos a dejarnos ir en su amor, su abrazo, su voluntad y su guía. Una de mis escrituras favoritas está en Salmo 37:4–6 (RV60):

*"Deléitate asimismo en Jehová,*
    *Y Él te concederá las peticiones de tu corazón.*
*Encomienda a Jehová tu camino,*
    *Y confía en Él; y Él hará.*
*Exhibirá tu justicia como la luz,*
    *Y tu derecho como el mediodía".*

Cuando en nuestro tiempo personal nos deleitamos con nuestro *Abba*, debemos también confiar en Él y *comprometernos* a dedicar nuestra vida a servirle y a dar a conocer su Nombre. Es entonces cuando nos es concedido el deseo de nuestro corazón, y nos abre perfecto paso, dándonos a conocer como sus hijos hechos justos mediante nuestro Padre justo.

Así que, ser hijo de Dios es tener una fe ciega de que Dios nunca ha tornado atrás ninguna de sus promesas; es deleitarse en su Presencia especialmente cuando nadie más esté mirando; es hacerlo todo con el fin de complacerlo y provocar que Él se sonría por nosotros; y saber que en nuestra humanidad, Él aún sigue siendo perdonador y Padre restaurador.

———————— ✦ ————————

## Oración de un hijo de Dios al Padre

Recuerda, no existe penitencia para ser hijo de Dios. Todo lo que necesitamos hacer es vivir para Él, realmente poner empeño y corazón en seguirlo y complacerlo. Todos los días aprendo algo nuevo acerca de la relación con mi Padre celestial y mi identidad como su hija. Cada día le pido que me ayude a entender un poco más, y así lo hace. Si quieres conocer más de tu identidad como verdadero hijo de Dios, te animo que le ores al Padre de esta manera:

*Amado Abba:*
    *Te amo. Deseo tu presencia y anhelo conocer más de ti. Perdóname si pensé que mi relación contigo dependía más de lo que hago que cómo lo hago o para quién lo estoy haciendo. Ayúdame a deleitarme y a gozarme en los tiempos de intimidad que pasamos*

*juntos. Oro que yo pueda tener el "corazón para entender, ojos para ver, y oídos para oír", para lo que hablas a mi corazón cada día, como dice Deuteronomio 29:4. Permíteme conocerte más, para que pueda enamorarme más de ti. Y guíame a ser quien Tú realmente quieres que yo sea, y hacer lo que realmente quieres que haga. Abba, te amo. Sé mi padre, y yo seré tu hijo/a.*

*En el nombre de Jesús oro y creo.*

*Amén.*

## Escrituras para sostenerte mientras vives en tu identidad como hijo(a) de Dios:

*"Pero ustedes son linaje escogido, real sacerdocio, nación santa,*
  *pueblo adquirido, para que anuncien las virtudes de aquel*
    *que los ha llamado de las tinieblas a su luz admirable.*
*Ustedes en el tiempo pasado no eran pueblo pero ahora*
    *son pueblo de Dios; no habían alcanzado misericordia*
*pero ahora han alcanzado misericordia".*
                                   —1 Pedro 2:9–10 (rva2015)

*"Por lo cual estoy convencido de que ni la muerte ni la vida ni*
      *ángeles ni principados*
  *ni lo presente ni lo porvenir ni poderes ni lo alto ni lo*
      *profundo ni ninguna otra cosa creada nos podrá separar*
      *del amor de Dios, que es en Cristo Jesús, Señor nuestro".*
                                   —Romanos 8:38–39 (rva2015)

*"Pero tú, cuando ores, apártate a solas, cierra la puerta detrás de*
      *ti y ora*
  *a tu Padre en privado. Entonces, tu Padre, quien todo lo ve,*
      *te recompensará".*
                                   —Mateo 6:6 (ntv)

"*Pues no recibieron el espíritu de esclavitud para estar otra vez
bajo el temor
sino que recibieron el espíritu de adopción como hijos,
en el cual clamamos: '¡Abba, Padre!'*".

—Romanos 8:15 (RVA 2015)

"*…un solo Dios y Padre de todos, quien está
sobre todos, en todos y vive por medio de todos*".

—Efesios 4:6 (NTV)

# Capítulo 11

# ❧ "VE POR MIS BEBÉS" ❧

*"Vayan hoy, con la ayuda del Espíritu de Dios, haciendo voto y declarando que en vida, venga pobreza, venga riqueza, en muerte, venga dolor o venga lo que venga, eres y siempre debes ser del Señor. Pues está escrito en tu corazón: 'Nosotros le amamos a Él, porque Él nos amó primero'".*
—CHARLES SPURGEON (1834–1892)
Pastor y escritor inglés, conocido como
el "Príncipe de predicadores"[39]

ERA UN CÁLIDO viernes en la noche en Puerto Rico. Habían pasado cerca de tres años desde que tuve ese maravilloso encuentro de salvación con el Señor. El servicio nuestra iglesia ya había cerrado con la oración final. Mas para algunos pocos hambrientos, esto sólo significaba que nos quedaríamos un rato más en oración buscando de Dios sin restricción de tiempo. Estábamos acostumbrados a tener vigilias espontáneas en las cuales nuestro tiempo extra de oración se adentraba a avanzadas horas de la madrugada, solo para buscar más de la Presencia de Dios.

Durante estos tiempos veíamos y sentíamos manifestaciones de su Presencia que resultaban en sanidades sobrenaturales, liberación, y hasta algunas señales y prodigios, como dice la Biblia que Jesús hizo (Hechos 2:22) y que experimentaremos aún mayores (Juan 5:20). Esos tiempos ciertamente eran vivificantes a mi espíritu. Cada vez que experimentaba una noche así, sentía que algo nuevo era descubierto, sanado, revelado y restaurado en mí. Era un ambiente hermoso en el que un alma quebrantada como la mía podía continuar siendo enmendada, creciendo y floreciendo.

Esa noche buscábamos a Dios y Él ciertamente tenía algo muy especial planificado. El pastor de jóvenes se sintió guiado a traer una palabra de conocimiento al remanente que nos encontrábamos allí. Él dijo que el espíritu Santo le estaba diciendo que quería revelarnos algo acerca de nuestro propósito. Yo podía sentir una vislumbre crecer dentro de mi corazón mientras hablaba con una tremenda unción. Él dijo: "el espíritu Santo quiere tocarles, a alguno de ustedes incluso físicamente, y guiarles a un área específica de este templo en donde les revelará el propósito y el llamado para sus vidas". Entonces oró: "Señor, ven y tócanos como dices que quieres hacerlo. Eres bienvenido a hacer lo que quieras. Revélanos tu propósito. ¡Ven ahora espíritu Santo!".

Yo estaba de pie en el corredor central del santuario. Había cerrado mis ojos y extendido mis manos como para recibir algo. De repente, sentí como si una mano caliente tomara mi mano derecha. Por un segundo pensé que tal vez era mi esposo u otro de los ujieres, yo era parte del equipo de trabajo de la iglesia, y ahora parte de la familia pastoral, y no era algo raro que me llamaran para ayudar a orar y ministrar a otras personas durante tiempos como estos. Sin embargo, cuando abrí mis ojos quedé completamente boquiabierta, ¡pues no había nadie físicamente parado a mi lado! Aun así, la mano seguía agarrando la mía, y sentía como si estuviera tan caliente como el fuego.

Casi no podía contener mi asombro. ¡Era el Espíritu Santo! Me estaba tocando, ¡*literalmente* tomaba mi mano! En medio de la anticipación y el sentido de honra que tenía dentro de mí, no pude evitar intentar descifrar qué vendría después. Mi mente corría en diferentes direcciones. "*¿Será que me va a llevar al altar, detrás del micrófono? Después de todo, soy cantante y canto en el equipo de adoración aquí. ¡Sí, probablemente es eso! ¡Él me va a hablar acerca de mi música!*" Entonces respiré hondo y me preparé para ser movida hacia adelante a la plataforma, pero para mi sorpresa, su mano comenzó a halarme hacia atrás, dirigiéndome hacia la entrada.

Yo caminaba de espaldas sin realmente poder ver hacia donde iba, pero sabiendo que no iba en la dirección que pensaba. Cuando pasé por las puertas del auditorio, supe que pasaría frente a las puertas de las oficinas y pensé: "*Ah, claro. Él me va a llevar a la oficina pastoral, en donde trabajo todos los días. Probablemente hay algo que me quiere revelar acerca de mi trabajo. ¡Seguramente es eso!*". Pero el Espíritu Santo continuaba halándome aún más, pasando la puerta de las oficinas hasta que ya no había más lugar a donde ir, excepto fuera del templo.

Sentí que el Señor giro mi cuerpo y me detuvo frente a las puertas principales. Por un momento me quedé ahí parada mirando las puertas de vidrio y un poco confundida. De repente mis rodillas dejaron de funcionar y mi cuerpo se desplomó. Sentí el gran peso de la gloria de Dios caer sobre mí. Colapsé en el suelo y por más que intentaba no me podía levantar. Inmediatamente fui sobrecogida por la presencia de Dios y pude sentir su poder en mí, fluyendo, rodeando y cubriéndome como un radiante guante corporal que vibraba y me estremecía. Estaba de cara al suelo y comencé a llorar, deshecha sabiendo que estaba en compañía del Todopoderoso. Mi espíritu y cuerpo estaban completamente sometidos a Dios sobre aquel suelo, pero mi mente estaba plenamente alerta y con muchísimas preguntas.

Había una lucha dentro de mí. Yo sentía a Dios, pero a la misma vez sentía mi carne, mi lógica y mi razonamiento, luchar en contra de lo que Él intentaba mostrarme. En vez de quedarme ahí pacientemente y dejar que Dios me hablara en su propio tiempo, comencé a tratar de avanzar por ponerme de pie. Pensaba: *"¿Y si alguien me ve aquí tendida en el suelo? ¿Y si alguien trata de entrar por la puerta y no me ve, y me pisa? ¡Me tengo que parar ahora!"*. Más que todo, me sentía cohibida de que alguien pudiera verme, a mí, la cuñada del pastor, en el suelo, y pensar que me había desorientado. Ya había avanzado mucho desde mis días llenos de orgullo, pero evidentemente todavía me quedaba algo por rendir. Demás está decir, Dios no había terminado conmigo.

Tratando de finalizar la incomodidad del momento luché con la Presencia de Dios. Traté de agarrarme del mango de la puerta para así halar mi cuerpo del suelo y estar de pie nuevamente. El intento fue fútil. Todo lo que alcancé a hacer fue levantar mi brazo que, como el que se ha adormecido por haberle cortado la circulación, inmediatamente cayó flácido con la palma de mi mano abierta sobre la superficie de esa puerta. En el momento que la toqué, algo extraordinario y desconocido ocurrió. Sentí como si una gran corriente eléctrica entró por mi mano y me atravesó. Cuando era niña, accidentalmente toqué una vez un cable vivo. Así que sabía muy bien lo que era sentir un choque eléctrico y cómo sacude violentamente cada músculo de tu cuerpo. En cambio, esta corriente era distinta; más que sacudir mi cuerpo, me estremecía violentamente a un nivel más profundo, atravesando mi mismo espíritu.

Mientras sentía temblores que conmocionaban mi ser, comencé a ver una visión como nunca antes había visto. Vi rostros, cientos de miles de rostros parpadeando ante mis ojos en milisegundos; tan rápido que no podía fijarlos en ninguno en particular. Vi gente de todas partes del mundo, cada etnicidad, idioma, edad y estado social. Todos eran tan diversos, tan diferentes de cada cual, excepto por una cosa. Todos los rostros tenían una expresión en común. Se trataba de una desdicha, una desgracia, una profunda miseria que se reflejaba en sus ojos. Estaban perdidos y necesitaban un Salvador.

Al ver esto fui sobrecogida por una profunda desesperación por esta gente a quien no conocía y nunca antes había visto. Tal fue la intensidad del momento, que una angustia incontenible se apoderó de mí y comencé a gemir, enlutada por toda esta gente. Mi corazón sentía quemarse con una profunda y abrazante aflicción, y casi no podía respirar. Todo me dolía, desde mi cuerpo hasta lo más profundo del núcleo de mi espíritu.

*"¿Quiénes son todas estas personas? Y, ¿por qué siento este dolor tan fuerte en mi corazón por gente que ni siquiera conozco?"*, pensé. Yo ya había aprendido que cuando se recibe un mensaje tan directo de parte de Dios, es importante insistir y preguntarle a Dios más detalles, buscando saber exactamente qué es lo que está queriendo decir, así que hice justamente eso. Le expresé mis preguntas, y hasta algunas frustraciones, a Dios. Silenciosamente oré en mi interior: *"Señor, ¿qué está pasando? No entiendo, ¿qué es lo que me estás tratando de decir? Primero, me tomas de la mano y me halas lejos del Santuario, lejos del altar donde pensé que pertenecía. Luego, me pasas delante de las oficinas donde trabajo todos los días para ti, sólo para traerme a esta puerta, empujar mi cara contra el suelo, casi electrocutarme, y ahora hacerme llorar incontrolablemente por toda esta gente ¡que ni siquiera conozco! ¿Qué clase de propósito es este que me estás mostrando? ¿Qué es lo que me estás tratando de decir?"*.

Inmediatamente Él respondió a mis quejumbrosas preguntas con voz audible. Por primera vez no solo me habló, sino me gritó con una decepción en su tono que estremeció mi ser entero: "¡Ve por ellooos! ¡Ve por mis bebés! ¡Están perdidos y solos en un mundo terrible! No pueden hallar el camino a mí si nadie les enseña. Yo *necesito* a mis bebés de vuelta en casa conmigo. ¡Ve y búscalos! ¡VE POR MIS BEBÉS!".

En ese momento y lugar, tirada en el suelo, rostro en tierra y sin poderme mover, aún con mi mano sobre esa puerta, gemía y sollozaba entendiendo por fin lo que Dios quería decirme. Hacía un tiempo que estaba cansada de dejar mi hogar para ir a ministrar a otros lugares con la música y la enseñanza. Había considerado hasta retirarme por completo del ministerio musical y de viajar fuera de la iglesia donde me congregaba, ya que ese era el lugar donde me sentía a salvo, estable y cómoda, la vida ministerial de constante viaje era impredecible y agotadora, tanto física como emocional y espiritualmente. Incluso, estaba cuestionando si debía continuar, si en verdad valía la pena. Esta experiencia me dio exactamente lo que necesitaba para saber la respuesta. Dios supo justamente cómo hacerme despertar de mis dudas y descubrir mi propósito real que es: Ayudar a alcanzar y a salvar a los bebés perdidos de Dios.

Cuando escuché ese grito tan desgarrador, no pude evitar comparar esa voz con el mismo tono angustiado de una madre cuyo hijito se ha perdido o sido secuestrado, cuando habla a las autoridades para que encuentren a su pequeño. La urgencia de hallar un hijo que se ha extraviado y en peligro, trajo claridad a mi corazón. Dios estaba recalcándome su desesperante anhelo por que sus hijos fueran alcanzados, así como cuando un padre pone todo su esfuerzo por comunicarle a todos que su hijo está perdido, y no se cansa de colgar letreros con su foto en cada esquina. Pude entender entonces que Dios estaba descargando a mi espíritu el mismo amor y desesperación que siente por alcanzar y salvar a humanidad. Sus hijos que están perdidos y necesitan de Él para ser salvos. El Espíritu Santo grabó una marca indeleble en mi corazón por ellos. A partir de ese día sentí intranquilidad por alcanzar estas almas perdidas. Casi como si Dios hubiese permitido que mi corazón se quebrara por lo que quiebra el suyo: rescatar a sus hijos.

Ese día me arrepentí de mis maneras egoístas de pensar. Finalmente me negué completamente a mí misma y rendí lo que quedaba de mi orgullo a los pies de Jesús. Hice voto de seguir la causa de Cristo, viniera lo que viniera. Mediante el toque sobrenatural de Dios, fui capaz de sentir su corazón y comprender cuán profundamente importante es cada alma para Él. Desde entonces me he comprometido a disponer mi vida, mis energías, mis dones y talentos, mis recursos e influencia, si alguna tuviera, para ser un faro de esperanza que apunte a los perdidos en dirección a la cruz, para que ellos también puedan encontrar la salvación como lo hice yo. Deseo con todo mi corazón llevar la carga de Cristo por los perdidos y vivir de la mejor manera posible para ser las manos y los pies de Dios sobre esta tierra mientras viva.

## Nuestro verdadero llamado

Después de este encuentro transformador y asombroso con Dios supe que ante todo, mi prioridad siempre debe ser seguir la voluntad de Dios y hacer camino para que almas puedan encontrarse con Él. He sido inmensamente privilegiada de servir a Dios en ministerio a tiempo completo. Mas a través de los años he tenido que aprender bastante acerca de lo que es el verdadero llamado y ministerio.

> El ministerio no es una posición, aunque en ocasiones requiere que tengamos o cambiemos de una. No es un trabajo, aunque sí requiere que trabajemos. No es un estatus privilegiado para una pequeña élite, aunque ciertamente es un privilegio que trae el favor de Dios.

La palabra *ministerio* se oye mucho entre los cristianos cuando se refieren a personas que realizan trabajos para Dios. Por ejemplo, cuando alguien pastorea una organización eclesiástica, es muy normal escuchar que esa persona tiene un ministerio pastoral. Otros que andan por el mundo predicando e invitando a recibir a Jesús como Salvador, usualmente son conocidos por tener un ministerio evangelístico. Adicionalmente, las labores de quienes se dedican a fundar, construir, establecer, y brindar apoyo y cobertura a otras iglesias en diferentes regiones son normalmente identificados como portadores de un ministerio apostólico. En mi caso, y el de varios más que hacen música para glorificar a Dios, dicen que tenemos un ministerio musical. Todos estos son meramente ejemplos de cómo le *llaman* a distintos ministerios. Sin embargo, cabe preguntar: ¿Cuál es el verdadero *significado* de ministerio?

En el pasado tuve varias percepciones acerca de lo que significaba ser una persona que tiene un llamado ministerial. Mientras más me acercaba a ejercer mi llamado ministerial, más clara se hizo mi perspectiva. Inicialmente, tenía la impresión de que una persona que forma parte de un ministerio era alguien con una posición favorable ante los demás. Creía que el ministerio era un privilegio para unos pocos y selectos "elegidos". Pensaba que un ministro era un líder fuerte, ordenado para tomar un lugar alto, poco alcanzable, o hasta intocable dentro de la iglesia de Cristo. Más aún, no consideraba en lo absoluto que yo podía ser una "ministro". Pero estaba muy lejos de la verdad. Mientras más buscaba de Dios y me acercaba a lo cierto, mis paradigmas comenzaron a cambiar. Mi corazón se fue alineando con lo que *realmente* es el ministerio, y también lo que *no* es. El ministerio no es una posición, aunque en ocasiones requiere que tengamos o cambiemos de una. No es un trabajo, aunque sí requiere que trabajemos. No es un estatus privilegiado para una pequeña élite, aunque ciertamente es un privilegio que trae el favor de Dios. Para saber lo que realmente es el ministerio, nos es necesario entender el significado literal de la palabra misma.

La palabra *ministerio* es básicamente un sinónimo de servicio.[40] En otras palabras, ministrar es servir. Personalmente, cuando entendí esta simple pero profunda definición, pude ver de qué realmente se trata el ministerio. El mejor ejemplo es el de Jesús. El texto de Marcos 10:45 (RV60) dice: *"Porque el Hijo del Hombre no vino para ser servido, sino para servir, y para dar su vida en rescate por muchos"*.

En ese versículo la palabra *servir* proviene de la raíz griega *diakonéō* (pronunciado di-ak-on-eh-o), que significa "servir a la mesa", particularmente de un esclavo que sirve como mesero a los huéspedes. También significa servir activamente como el que constantemente está levantando tierra con los pies por ser tan activo moviéndose de un lugar a otro en servicio. Adicionalmente, la *Concordancia de Strong* lo define como "cuidar de las necesidades de otros como el Señor guía, y de manera *activa y práctica"*.[41] Interesantemente, esa palabra también es intercambiable con la palabra *ministrar*, como lo vemos en *Young's Literal Translation* [Traducción Literal de Young] que dice: *"Pues el Hijo del Hombre no vino para que le sea* **ministrado***, sino a* **ministrar***, y a dar su vida como rescate por muchos"* (énfasis añadido).

Como podemos ver aquí, el ministerio es lo mismo que el servicio. Pero esta clase de servicio no es parcial o limitado, sino intencional y activo. Ministerio es dedicar nuestra vida como lo hizo Jesús, entregando nuestra voluntad por seguir a Dios y salvar a otros. No está reservado solo para aquellos que lo eligen como vocación. Es una actitud de servicio. Es una decisión de hacerlo todo como para Dios, teniendo como principal motivo el llevar esperanza a otros. Sea que trabajes en un ministerio vocacional o en una posición secular, nuestro verdadero llamado como creyentes es que sirvamos a Dios y a su pueblo en todo lo que hacemos, y alcancemos al perdido. Esto es el verdadero ministerio: servir para reconciliar al Padre con sus hijos, y a los hijos con su Padre.

## Deseando lo que Dios desea

¿Qué desea Dios? ¿Alguna vez te has preguntado cuál es el mayor deseo del corazón de Dios? Yo ciertamente lo he hecho, muchas veces. Por cierto, realizar y seguir el deseo de Dios se ha convertido en el punto central de mi existencia. Y mientras más descubro de Él, más asombro tengo por su grandeza, y más crece mi hambre por Él.

Mientras persigo el corazón de Dios, estoy en constante búsqueda de mejores maneras de relacionarme con Él para conocerlo mejor. Como Dios es una persona, Él tiene personalidad, sentimientos y deseos, y puedo identificarme con Él como tal, como decimos en Puerto Rico, "de tú a tú". Usualmente, los pensamientos de una persona son movidos por sus deseos. Hay una escritura que resume perfectamente los pensamientos de Dios por sus hijos. Se encuentra en Jeremías 29:11 (rva2015): *"Porque Yo sé los planes [pensamientos] que tengo acerca de ustedes, dice el SEÑOR, planes [pensamientos] de bienestar y no de mal, para darles porvenir y esperanza"* (énfasis añadido con contenido en corchete de la rv60).

Los pensamientos de Dios hacia nosotros van de acuerdo a sus deseos por nosotros: bienestar (paz) y no maldad, un porvenir (futuro) y una esperanza. Para esto, Él ha trazado un plan. La Biblia abarca la historia de este plan y sus intenciones para la humanidad. Como en toda buena historia, el mejor lugar para encontrar su fin es en las últimas páginas del libro. De la misma manera con la Biblia. El desenlace final del plan de Dios puede ser hallado en el libro de Apocalipsis, el cual contiene las profecías del fin como le fue revelado al apóstol Juan. Apocalipsis 21:1–4 (rvc) muy claramente muestra el máximo deseo de Dios por nosotros:

> *"Vi entonces un cielo nuevo y una tierra nueva, porque el primer cielo y la primera tierra habían dejado de existir, y el mar tampoco existía ya. Vi también que la ciudad santa, la nueva Jerusalén, descendía del cielo, de Dios, ataviada como una novia que se adorna para su esposo. Entonces oí que desde el trono salía una potente voz, la cual decía: 'Aquí está el tabernáculo de Dios con los hombres.* **Él vivirá con ellos, y ellos serán su pueblo**, *y Dios*

*mismo estará con ellos **y será su Dios**. Dios **enjugará las lágrimas de los ojos de ellos, y ya no habrá muerte, ni más llanto, ni lamento ni dolor; porque las primeras cosas habrán dejado de existir'"** (énfasis añadido).*

Este pasaje siempre llena mi corazón de la gran esperanza que nos aguarda a los hijos de Dios cuando todo haya pasado, y seamos reunidos con Él eternamente. Pero, para este final tuvo que haber un principio. Este también anticipa claramente el deseo último de Dios. En Génesis 1:26–27 (rva2015) dice:

*"Entonces dijo Dios: '**Hagamos al hombre a Nuestra imagen, conforme a Nuestra semejanza**, y tenga dominio sobre los peces del mar, las aves del cielo, el ganado, y en toda la tierra, y sobre todo animal que se desplaza sobre la tierra'. Creó, pues, Dios al hombre a Su imagen; a imagen de Dios lo creó; hombre y mujer los creó"* (énfasis añadido).

Más adelante en el libro de Génesis, podemos ver como el hombre, Adán, se hizo cargo de la tierra, pero pronto se sintió solo. Deseó tener a alguien como él para acompañarlo. Ahora, recuerda que Dios hizo al hombre a su imagen y semejanza. Entonces el hombre, a quien Dios hizo como a sí mismo, desde sus atributos físicos hasta sus tendencias emocionales, deseó a alguien como sí mismo con quien tener una relación. Por tanto, si Dios nos hizo como Él, y nosotros deseamos compañerismo y relación, ¿no significa también que Dios desea comunión y relación con nosotros, y para eso nos creó? Yo creo que para eso nos creó. ¡Él desea tener una relación y compañerismo con nosotros, sus hijos!

Al juntar Génesis (en principio) y Apocalipsis (el fin) es claro ver el gran deseo de Dios: ¡Él nos desea a *nosotros*! El deseo inicial de Dios fuimos nosotros, y el deseo final de Dios es morar para siempre con *nosotros*, para que seamos *de Él* y Él sea *nuestro*, haciendo nuestro sufrimiento terrenal algo del pasado mientras disfrutamos de un futuro en relación perfecta con Él para siempre. ¡Aleluya!

Ahora, con todo lo maravilloso de esa verdad, ¡hay aún mucho más que eso! Como sabemos, todavía estamos en este mundo físico atados al tiempo y al espacio que nos mantiene lejos de disfrutar de lleno de nuestro "eternamente y para siempre" con Dios. En términos simples, no hemos llegado al cielo todavía. Por esto, aún estamos sujetos a una batalla continua contra el pecado. Aunque es cierto que la meta de Dios para la humanidad es que estemos todos juntos eternamente, ese es sólo el principio de entender lo que Dios quiere de nosotros *ahora*. Esto nos trae a la parte más actual e inmediata del plan de Dios: la gran comisión.

*"Jesús se acercó a ellos y les habló diciendo: 'Toda autoridad me ha sido dada en el cielo y en la tierra*. Por tanto, **vayan y hagan discípulos** *de todas las naciones*, **bautizándolos** *en el nombre del Padre, del Hijo y del Espíritu Santo*, **y enseñándoles que guarden todas las cosas que les he mandado**. *Y he aquí, Yo estoy con ustedes todos los días, hasta el fin del mundo'"* [Amén] (Mateo 28:18–20, RVA2015, *corchete y énfasis añadido*).

Jesús es la clave para nuestra salvación. Dios vino a la tierra a través de Cristo. Él vivió como hombre. Derramó su sangre y murió, pagando el precio de muerte por nuestros pecados y removiendo la obstrucción que satanás puso en nuestro camino para que no pudiéramos alcanzar a Dios, el deseo de satanás siempre ha sido desafiar a Dios, arruinar su plan y engañar para que el mundo se pierda (Apocalipsis 12:9). Como cuerpo de Cristo, somos los que ayudamos a realizar el plan de Dios. Debemos alcanzar a aquellos que no lo conocen para ayudarlos a retomar el camino de regreso a Él.

Nosotros venimos de Dios y fuimos creados para regresar a Él (Romanos 11:36, 1 Corintios 8:6). Fuimos diseñados con un hueco en nuestro interior que sólo puede ser llenado por Dios, quien ha puesto un anhelo eterno en nuestros corazones (Eclesiastés 3:11). De la misma manera, Él tiene anhelo por nosotros. El corazón de Dios late por las almas. Desde el principio de la fundación del mundo, hemos sido y somos el centro de su enfoque (Efesios 1:4). Él nos escogió antes de que nosotros lo eligiéramos a Él (Juan 15:16); antes de que lo amáramos, ya Él nos amaba (1 Juan 4:19). Nada lo detuvo para rescatarnos de nuestro pecado a través de Cristo tal como dice Juan 3:16: *"Porque de tal manera amó Dios al mundo, que ha dado a su Hijo unigénito para que todo aquel que en él cree no se pierda mas tenga vida eterna"*.

## Hacedores—No sólo oidores

Ahora que ya tenemos conocimiento claro de lo que es el ministerio y el servicio, que el deseo de Dios somos nosotros, y que la humanidad tiene profunda necesidad Él, ¿qué debemos hacer con este conocimiento? ¡Tenemos que ponerlo en acción! Nuestra parte es ser un apoyo activo del plan de Dios y convertirnos en las manos y los pies de Jesucristo. Dios nos desea. Él tiene profundo anhelo por nuestra alma. Por esta razón, *tenemos* que ser intencionales al ponerle acción a lo que hemos aprendido acerca de su plan. No podemos cumplir plenamente nuestro propósito si no estamos persiguiendo activamente el deseo de Dios por almas.

Mi cuñado, el pastor Tito Cabán me enseñó algo que ha permanecido en mí desde que estaba dando mis primeros pasos en el ministerio. Me dijo: "En todo lo que hagas, recuerda siempre ponerle de apellido 'almas', y seguramente tendrás éxito". A través de los años y en cada proyecto que he elaborado, he mantenido ese principio, y Dios lo ha bendecido. ¿Por qué? Simple. Cuando alineamos nuestros deseos al deseo de Dios y nos enfocamos en las almas, Él seguramente bendecirá lo que emprendemos, porque al final avanza el cumplimiento de su plan. En otras palabras, si lo que hacemos es para bendecir gente y acercarlos más a Dios, Él está comprometido a hacerlo funcionar. ¡Y así lo hace!

> Cuando alineamos nuestros deseos al deseo de Dios y nos enfocamos en las almas, Él seguramente bendecirá lo que emprendemos, porque al final avanza el cumplimiento de su plan.

Mateo 6:19–20 (RVA2015) dice: "*No acumulen para ustedes tesoros en la tierra, donde la polilla y el óxido corrompen, y donde los ladrones se meten y roban. Más bien, acumulen para ustedes tesoros en el cielo, donde ni la polilla ni el óxido corrompen, y donde los ladrones no se meten ni roban*". El más grande tesoro de Dios son las almas. Por lo tanto, ese es el mejor tesoro eterno que podemos acumular en el cielo. Mientras nos enfocamos en nuestra recompensa eterna por encima de nuestras recompensas terrenales, podemos descansar seguros de que la bendición de Dios permanecerá sobre nosotros.

Sé que es más fácil decirlo que hacerlo. Hay un nivel de sacrificio personal que debe ocurrir para poder proseguir con esta parte del plan de Dios.

Por esta razón te propongo que comiences con pequeños pasos. Entrena tu mente a pensar en los deseos de Dios por ti y los que están a tu alrededor. Comienza poniendo como prioridad bendecir a alguien, al menos una persona cada día a través de lo que haces. Si estás en tu trabajo, por ejemplo, bendice a alguien con una sonrisa y una buena actitud. Si alguien tiene una necesidad que puedes suplir, no dudes en hacerlo como te guíe el Señor. Si alguien necesita tu oración, extiéndete y ora por ellos. Lo más importante que debes recordar es no solo escuchar esto, sino ponerlo en práctica; aun si requiere un poco de negación a ti mismo. Después de todo, Jesús hizo eso por nosotros, y debemos ayudar a que otros puedan disfrutar de ese privilegio también. En Santiago 1:21–25 (rva2015) lo dice perfectamente:

> *"Por lo tanto, desechando toda suciedad y la maldad que sobreabunda, reciban con mansedumbre la palabra implantada la cual puede salvar su vida [sus almas].*
>
>     *Pero **sean hacedores de la palabra, y no solamente oidores** engañándose a ustedes mismos. Porque cuando alguno es oidor de la palabra y no hacedor de ella, este es semejante al hombre que mira su cara natural en un espejo. Se mira a sí mismo y se marcha, y en seguida olvida cómo era. Pero el que presta atención a la perfecta ley de la libertad y persevera en ella **sin ser oidor olvidadizo sino hacedor** de la obra, **este será bienaventurado en lo que hace**"* (corchete y énfasis añadido).

Somos el deseo de Dios. Su plan es que estemos con Él. Pero, ¿cómo pueden los perdidos conocer a Cristo si nadie se lo presenta? La Palabra dice que "hermosos" son los pies de aquellos que van tras los perdidos (Romanos 10:14–16). Nuestro ministerio y mayor llamado es servir a Dios, sirviendo a su pueblo. No hay mejor manera de guiar a otros a la cercanía con Dios. Aun cuando esto significa que debe haber sacrificios, podemos descansar seguros de que habrá una recompensa eterna en el cielo para nosotros (Mateo 16:27). Te animo a ser un rescatista de los bebés de Dios. Traigamos a sus niños perdidos a casa, para que todos podamos cumplir el más grande sueño de Dios, pasar la eternidad juntos.

## Oración para cumplir con el plan de Dios y alcanzar a otros

Donde quiera que te encuentres en tu camino con Dios, debes saber que su meta final para nosotros es que estemos con Él para siempre. Debemos intencionalmente hacer nuestra parte en propagar las buenas noticias de salvación a cuántas personas sea posible. Hay muchas maneras de alcanzar al perdido. Algunos son llamados al ministerio vocacional mientras que otros ministran en sus actividades del día a día. Cualquiera sea tu caso, debes saber que Dios se complace y bendice a aquellos que se esfuerzan por servirle y alcanzar a otros. Te animo a aferrarte a la Gran comisión, a unirte a Cristo en traer a otros más cerca de Él, y a que ores una oración como esta:

*Amado Dios:*

*Quiero anhelar las cosas que tú anhelas. Ahora sé que tu mayor deseo es estar con nosotros, tus hijos e hijas. Ayúdame a ser proactivo en trabajar para traer a otros más cerca de ti. Concédeme oportunidades de compartir mi fe sin temor. Dame tu corazón por el perdido, para que los puedas alcanzar a través de mi obediencia. Fortalece mi fe y enséñame a ser un buen siervo para ti y para tu pueblo.*

*En el nombre de Jesús, por quien somos salvos.*

*Amén.*

## Escrituras para sostenerte al cumplir el plan de Dios y alcanzar al perdido:

*"Así alumbre la luz de ustedes delante de los hombres,*
*de modo que vean sus buenas obras*
*y glorifiquen a su Padre que está en los cielos".*

—Mateo 5:16 (RVA2015)

*"Porque cualquiera que hace la voluntad de mi Padre que está en
     los cielos,*
*ese es mi hermano, mi hermana y mi madre".*

—Mateo 12:50 (RVA2015)

*"Al que venza, yo le daré que se siente conmigo en mi trono;*
     *así como yo también he vencido y me he sentado con mi*
     *Padre en su trono".*

—Apocalipsis 3:21 (RVA2015)

# Capítulo 12

# PARA SIEMPRE PRÓDIGA

"*No se alcanza la semejanza de Cristo paseándote con las manos en los bolsillos*
*y abriendo la puerta descuidadamente. Este no es un pasatiempo para momentos de ocio,*
*que se toma en intervalos cuando no tenemos mucho más que hacer,*
*para luego soltarlo y olvidarlo cuando nuestra vida crece, se llena y se pone interesante…*
*Toma toda la fuerza que tienes, y todo el corazón, y toda la mente, y toda el alma,*
*Entregados en libertad y temerariamente, sin restricción*".

—A. J. Gossip (1873–1954)
Autor escocés, Teólogo, maestro, y líder eclesiástico[42]

E STE CAPÍTULO ES diferente a los demás. No tiene un relato que provee el desenlace o la resolución a mis vivencias. Aun así, ciertamente cabe mencionar que la obra de Dios en mí, aunque no ha terminado, sí ha provisto resolución a varias áreas inconclusas de mi vida.

Por obra de Dios perdoné a mi Padre por no estar ahí, y guardo la bella esperanza de verle otra vez en la morada celestial. Por obra de Dios reconcilié mi relación con mi mamá después de haberla herido en el pasado. Por obra de Dios aprendí a amar a mi padrastro y a verlo como ejemplo del amor de Dios al adoptarme. Por obra de Dios estreché mi relación con mis hermanos, quienes perdonaron y olvidaron cómo en mi insensatez los llegué a rechazar y ahora nos amamos más que nunca. Por obra de Dios aprendí lo hermoso que es enamorarme otra vez, cuando había pensado que nunca más podría, y hacerlo del mejor hombre para mí, mi regalo de Dios, mi amado Carlos. Y por obra de Dios, sigo viva, creciendo, madurando, y continúo siendo restaurada mientras conozco más del corazón perfecto de Dios.

Con todo lo que ha logrado la obra de Dios en mí, todavía falta mucho. Mi historia no ha terminado, y tampoco la tuya. Y no estará terminada hasta que respiremos nuestro último aliento en esta tierra. Hasta el día en que mi vida terrenal llegue a su fin, hay más aventuras que vivir y más descubrimientos maravillosos que hacer en mi travesía junto a Dios, mi Padre. Más que todo estoy a la espera de muchas más oportunidades para levantarme y vivir como hija de Dios, tal y como fui creada.

El comienzo de mi historia fue duro, lleno de dolor, pérdida, sufrimiento y amargura. Todo apuntaba a que viviría una vida desdichada, movida por la rebeldía hacia la destrucción. Mis tendencias humanas de descargarme sin control contra Dios y contra el mundo, pudieron haber provocado que me perdiera para siempre. Pero eso no es lo que está escrito en el libro de Dios para mí. Dios tiene un plan maravilloso para mi vida, también para la tuya, y aún hay mucho más por cumplirse. Sus planes para nosotros son de bien y no de mal para darnos un futuro y una esperanza (Jeremías 29:11). Cada día descubro más de ese plan para mi vida. En todo esto hay algo seguro, y es que hay mucho más que moldear en este *corazón pródigo*.

Si eres como yo, probablemente relaciones esas palabras que titulan este libro con la parábola del hijo pródigo, descripta en Lucas 15. Tal vez te gusta esta historia y el estilo de Jesús como narrador, tanto como a mí. Tal vez es la razón por la que adquiriste este libro. Miremos entonces más de cerca esa maravillosa historia en Lucas 15:11–24 (RVA2015, énfasis añadido y contenido en corchetes es traducido del *Amplified Bible* [Biblia Amplificada]):

> *"Un hombre tenía dos hijos. El menor de ellos [inapropiadamente] dijo a su padre: "Padre, dame la parte de la herencia que me corresponde". Y él les repartió los bienes. No muchos días después, habiendo juntado todo [lo que tenía], el hijo menor se fue a una región lejana y allí desperdició sus bienes viviendo perdidamente [imprudente e inmoralmente].*

*Cuando lo hubo malgastado todo, vino una gran hambre en aquella región, y él comenzó a pasar necesidad. Entonces fue y se allegó [forzándose a sí mismo] a uno de los ciudadanos de aquella región, el cual lo envió a su campo para apacentar [alimentar] los cerdos. Y él deseaba saciarse con las algarrobas que comían los cerdos, [mas estas no le saciaban el hambre] y nadie se las daba. Entonces [finalmente] volviendo en sí, dijo: '¡Cuántos jornaleros en la casa de mi padre tienen abundancia de pan, y yo aquí perezco de hambre! Me levantaré, iré a mi padre y le diré: 'Padre, he pecado contra el cielo y ante ti. Ya no soy digno de ser llamado tu hijo; [sólo] hazme como a uno de tus jornaleros'''.*

*Se levantó y fue a su padre.* **Cuando todavía estaba lejos, su padre lo vio y tuvo compasión [de él]. Corrió y se echó sobre su cuello, [lo abrazó] y lo besó.** *El hijo le dijo: 'Padre, he pecado contra el cielo y ante ti, y ya no soy digno de ser llamado tu hijo'.* Pero su padre dijo a sus siervos: 'Saquen de inmediato **el mejor vestido** [para el invitado de honor] y vístanlo, y pónganle **un anillo** en su mano y **calzado** en sus pies. Traigan el **ternero engordado** y mátenlo. [Invitemos a todos y] **Comamos y regocijémonos porque este mi hijo estaba** [prácticamente] **muerto y ha vuelto a vivir; estaba perdido y ha sido hallado'.** *Y comenzaron a regocijarse".*

## ¿Qué significa pródigo?

En este relato maravilloso del amor incondicional de un padre quisiera resaltar algunos puntos claves. No sin antes enfocarnos en el significado de la palabra *pródigo*, especificado en el verso 13. Muchos de nosotros estamos bajo el concepto errado de que pródigo significa perdido. Sin embargo, el significado no es ese, y de hecho es bastante diferente.

El diccionario define *pródigo* como generosamente abundante, profuso o extravagante.[43] Adicional a eso, me gusta lo que dice mi pastor Robert Morris acerca de la palabra. En su mensaje *"Lost&Found"* [perdido y hallado] dice: "La definición de pródigo es *carente de restricción*. Esto significa que todos somos pródigos en algún momento y en algún área de nuestra vida. Todos hemos sido [pródigos] en algún punto y tal vez quizás en este mismo momento".[44]

Al combinar estas dos definiciones podemos concluir que pródigo se refiere a una persona que no tiene restricción en dar, lo hace de manera profusa, extravagante y con genero-

> Muchos de nosotros estamos bajo el concepto errado de que pródigo significa perdido.

sa abundancia. Guau. ¡Esto no significa para nada estar perdido! Para mí esto describe mejor a Dios que a nosotros. Después de todo fue Dios quien dio tan abundantemente y sin escatimar la vida de su hijo unigénito, Jesucristo, para salvarnos. Desde el principio del tiempo, Él no se detuvo ante nada para alcanzarlos. Él es el perfecto ejemplo de carecer de restricción, y su amor, la perfecta evidencia. Nada lo detuvo para cumplir su mayor deseo: estar con nosotros para siempre. A la luz de esto, la historia del hijo pródigo bien pudo haberse llamado "el padre pródigo".

Por esto propongo lo siguiente: si pródigo es carecer de restricción, y nuestro mejor ejemplo de esto es el Padre celestial quien dio todo por nosotros, ¿acaso no debemos entonces devolver ese amor sin restricciones recíprocamente a él y a su pueblo también? Aun creo que, más que decirlo, debemos hacerlo, en realidad *necesitamos* hacerlo. Nosotros éramos nada. Estábamos perdidos en nuestros pecados, llevados sin rumbo claro a diferentes direcciones, hasta que el amor extravagante, profuso y generoso de Dios nos encontró. De no haber sido por Aquel, el mejor

> Nosotros éramos nada. Estábamos perdidos en nuestros pecados, llevados sin rumbo claro a diferentes direcciones, hasta que el amor extravagante, profuso y generoso de Dios nos encontró.

y el perfecto, que dio rienda suelta a todas sus intenciones, esfuerzos, recursos y energías para ayudarnos, todavía estaríamos perdidos, quizás para siempre. Es precisamente por causa de este amor pródigo de Dios que debemos vivir pródigamente, no para nosotros mismos, sino para Él.

## Tener un corazón pródigo

Tal vez te estés preguntando, ¿qué es un corazón pródigo? O tal vez, ¿cómo puedo tener uno? Un corazón pródigo no es otra cosa sino que un corazón que vive sin restricción por la gloria de Dios y para el servicio de su pueblo. Es alguien que da rienda suelta a amar y a complacer al señor. Alguien que se detiene en el camino para darle al perdido la oportunidad de encontrar a Jesús y ser salvo, aun cuando esto represente negarse a sí mismo para ser ejemplo del amor de Dios por ellos. Un corazón pródigo es aquel que escoge voluntariamente rendir su vida y sus deseos terrenales todos los días para seguir la voluntad de Dios, y no la suya propia. Finalmente, un corazón que es pródigo mantiene su enfoque en la eternidad y en las cosas de arriba antes que en las cosas finitas y naturales de esta tierra, los pies en la tierra y la mente en el cielo, sabiendo que la recompensa terrenal no es nada comparada con el tesoro que tendremos en el cielo si vivimos para Dios y no para nosotros mismos. Finalmente, un corazón pródigo no tiene temor ni abstención en vivir su vida abiertamente y sin restricciones para Dios.

Desarrollar un corazón pródigo es fácil y difícil a la vez. Es fácil, porque es simple. El único requerimiento para hacerlo es amar a Dios con todo mi corazón, o como lo dijo Jesús en Marcos 12:30–31: "*Y amarás al Señor tu Dios con todo tu corazón, con toda tu alma [vida], con toda tu mente [pensamiento y entendimiento] y con todas tus fuerzas. Éste es el principal mandamiento. El segundo es este: Amarás [desinteresadamente] a tu prójimo como a ti mismo. No hay otro mandamiento mayor que estos dos*" (RVA2015, énfasis añadido y contenido en corchetes es traducido del *Amplified Bible* [Biblia Amplificada]). Para entender la profunda simpleza de este pasaje, es importante saber que en ambas instancias en que aparece la palabra *ama* en este verso, responde al verbo proveniente del griego *ágape*. Este significa más que simplemente reflejar la emoción del amor, sino que se refiere a hacer cosas en beneficio de alguien más, teniendo un desinteresado cuidado para con el prójimo y una disposición de buscar su interés o beneficio.[45] Por tanto, la parte fácil de tener un corazón pródigo es amar a Dios con todo, y a la gente, como te amas a ti mismo, teniendo un desinteresado cuidado por su bienestar y por hacer cosas que mejor le beneficien.

Ahora, la parte difícil de vivir pródigamente para Dios es que para lograrlo debes negarte a ti mismo y tus propios deseos. Jesús dijo en Lucas 9:23: "*Si alguno quiere venir en pos de mí, niéguese a sí mismo, tome su cruz cada día y sígame*" (RVA2015, énfasis añadido). Para ser pródigo como lo fue Jesús, es imperativo que haya una negación voluntaria de nuestro "yo". ¿Por qué? Pues, porque nuestra carne tiende a interponerse y contrariarse a lo que nuestro espíritu, lo que nos une al Padre, desea (Gálatas 5:17).

Llevar una vida de autonegación para Dios tiene desafíos y aflicciones. En Juan 16:33 Jesús dice: *"Estas cosas les he hablado para que en mí tengan [perfecta] paz. En el mundo tendrán aflicción [tribulación y angustia y sufrimiento]; pero confíen [sean valientes, seguros, impávidos, llenos de gozo], Yo he vencido al mundo [Mi conquista ha sido cumplida, Mi victoria es duradera]"* (RVC, contenido en corchetes es traducido del *Amplified Bible* [Biblia Amplificada]). Tenemos una esperanza profunda y duradera en Cristo Jesús, quien venció todos los desafíos que podamos enfrentar en el mundo. Podemos descansar seguros de que, aunque podamos sufrir por su causa en la tierra, es por esa misma causa que tenemos la seguridad de que cuando todo pase tendremos lugar con Él, al lado del padre. Negarnos a nosotros mismos en este mundo es nada más que una prueba de durabilidad y resistencia, y una muy corta comparada con el resto de la eternidad.

Por ejemplo, para poder cumplir verdaderamente con el llamado de Dios, yo tuve que renunciar a mis deseos de fama y fortuna, no porque fuera algo malo, sino porque seguramente hubiesen alimentado mi ego y orgullo. Esto indudablemente hubiese causado que me alejara de Dios y su propósito en mí, algo que ya había comenzado cuando Dios me rescató. Si yo hubiese desobedecido a Dios en vez de rendirme ante su amor, entonces su plan para mi vida, que es alcanzar al perdido siendo un ejemplo de redención y de su milagrosa restauración, hubiese sido trastocado. Si no me hubiese negado a mí misma y permitido que mi amor por Dios fuera lo más grande en mi vida, estoy segura de que no hubiera podido disfrutar del gozo de atestiguar la salvación y la transformación de miles de personas alrededor del mundo en el nombre de Jesús, a través de nuestro ministerio o incluso hasta de este libro.

Sí, dejé todo atrás por seguir la causa de Cristo. ¡Y estoy tan feliz de haberlo hecho! He visto cómo cada una de las promesas de Dios se ha ido cumpliendo en mi vida. He experimentado su fidelidad de cerca al recibir provisión de su mano para cada una de mis necesidades. Aún más, he aprendido que la vida dependiente de Dios es la mejor vida. Ahora sé cuán cierto y constante es su amor, su misericordia, su gracia y su fidelidad. Puedo entender que Él siempre tenía razón en pedirme que diera ese salto de fe necesario para seguirle por encima de todo. Al vivir una vida de fe dependiendo de Dios, cada una de las aventuras que vivo con Jesús es una de las experiencias más memorables de mi vida. Sólo pensar en regresar a vivir mi vida bajo mi control, hoy me parece como el más grande de los absurdos.

Soy un corazón pródigo, porque fui creada para serlo. ¡Y también lo fuiste tú! No importa dónde has estado, que has hecho, o dónde se encuentra tu vida, una cosa es segura, todos somos pródigos, carentes de restricción, en algo. Es tiempo de dirigir nuestra prodigalidad hacia Aquel que derramó con desmedido abandono el amor más pródigo por *ti* y por mí. Así que ama a Dios, con todo. Sigue a Dios, pero hasta el final. Sirve a Dios, hasta lo último de tus energías y recursos. Y ayuda con tu propia vida a que otros hagan lo mismo. Deja que tu corazón pródigo lata en sincronía con el ritmo del corazón de Dios.

———— ◆ ————

## Ora por tu corazón pródigo

Vivir para Dios es maravilloso, pero tiene muchos desafíos. Uno de estos es la lucha que tenemos con nuestra propia humanidad, la cual trata de mantenernos lejos de Dios. Las mejores armas que tenemos contra las fuerzas adversas que tratan de arrancarnos del Padre, son la negación a nosotros mismos, la resistencia y la oración. Por tanto, te animo a que tomes tu cruz, sigas a Cristo y vivas a todo volumen entregándolo todo por Él.

Si has recibido salvación, y como yo, has atravesado o estás en medio de tu proceso de restauración, debes saber que tu prodigalidad no tiene que cesar ahora que eres parte de la familia de Cristo. Puedes seguir viviendo para Él con la misma carencia de restricción, pero ahora dándolo todo para su gloria. Así que, si estás listo para dejar que tu corazón pródigo lata por Dios, por sobre todas las cosas, te invito hacer esta oración:

*Amado Dios:*

*Tú eres Dios pródigo. Diste todo por mí sólo para expresar tu amor e interés por mi vida. He descubierto que he sido pródigo por las cosas equivocadas en la vida. Pero hoy declaró que eso cambia. Ahora entiendo que la vida plena que Tú prometes no nos restringe, sino que nos permite disfrutar la plenitud de vida gracias a tu amor en nosotros. Ayúdame a ser el corazón pródigo que Tú deseas. Muéstrame cómo vivir carente de restricción en*

mi amor, búsqueda y servicio a ti, tu reino y tu pueblo. Desde este
momento y en tu nombre, me desato y soy libre para vivir pródigamente por ti y no por mí.
En el nombre de Jesús, hecho está.
Amén.

### Escrituras para sostenerte al desarrollar un corazón pródigo para Dios:

"Así alumbre la luz de ustedes delante de los hombres, de modo
que
vean sus buenas obras y glorifiquen a su Padre que está en los
cielos".
—Mateo 5:16 (RVA2015)

"Decía entonces a todos:
—Si alguno quiere venir en pos de mí, niéguese a sí mismo,
tome su cruz cada día y sígame".
—Lucas 9:23 (RVA2015)

"Estas cosas les he hablado para que en mí tengan paz.
En el mundo tendrán aflicción; pero confíen, yo he vencido al
mundo".
—Juan 16:33 (RVC)

"Dios bendice a los que soportan con paciencia las pruebas
y las tentaciones, porque después de superarlas, recibirán
la corona de vida que Dios ha prometido a quienes lo aman".
—Santiago 1:12 (NTV)

"Sé fiel hasta la muerte, y yo te daré la corona de la vida".
—Apocalipsis 2:10b (RVA2015)

"(…) que se haga tu voluntad, no la mía".
—Lucas 22:42b (NTV)

# ✺ VEN A JESÚS ✺

**M**E GUSTARÍA TERMINAR estas páginas con una oportunidad, la mejor que jamás te hayan ofrecido. Estas líneas son para aquellos que fueron tocados por lo que está plasmado en este libro, para aquellos que sintieron una resonancia profunda en su interior, un llamado de Dios a abrir sus corazones a Él. Si te has dado cuenta de que no conoces a Dios, me gustaría extenderte la invitación a que le des tu corazón a Jesús, quien ya dio su vida en sacrificio por tu pecado.

Tal vez nunca le has pedido a Dios que entre a tu corazón, ni le has reconocido como tu único y verdadero Salvador. O tal vez sí lo hiciste en el pasado, pero por las decisiones tomadas en tu vida, ya no tienes una buena relación con Él. Cualquiera sea tu situación, si no estás seguro de tu salvación y no has rendido tu vida al Dios que te ama y ha pagado el máximo precio por tu rescate, entonces te invito a que lo aceptes ahora mismo, invitándole a entrar en tu corazón.

Me gustaría ayudarte a hacer esto con una oración. Más debes saber que la oración que está debajo de estas líneas es sólo una guía para ti. No es parte de una "fórmula" para ser salvo. Tampoco hay otra cosa qué hacer sino venir a Dios humillado, arrepentido, rendido y con honestidad. Está absolutamente bien que uses tus propias palabras para expresarle tu deseo y necesidad de salvación. Hazlo ahora, diciéndole a Dios lo siguiente:

*Amado señor Jesús:*

*Gracias porque hiciste este día, el día de mi salvación. Confieso que he pecado en más maneras de las que puedo contar o describir. Como el hijo pródigo con su padre, yo sé que por causa de mi pecado no merezco ser llamado tu hijo. Soy un pecador con necesidad de un Salvador.*

*Jesús, he escuchado de ti, y reconozco que siendo Dios viniste a la tierra, viviste como hombre, moriste una muerte horrenda en la cruz derramando tu sangre por mí y resucitaste al tercer día, sólo para salvarme. Por favor lava mis pecados mientras recibo libremente el sacrificio de tu sangre. Límpiame de mi pasado, renuévame con tu amor, y restáurame con tu gracia.*

*Desde este día en adelante declaro que Tú, Jesucristo, eres mi único Señor y Salvador. Rindo mi vida a Ti y te doy mi corazón. Desde ahora prometo que voy a amarte, seguirte, y servirte hasta el día que vengas por mí y te vea cara a cara. Escribe mi nombre en el libro de la vida, y haz que mi vida sea la recompensa de tu sufrimiento en la cruz del Calvario.*

*Te doy la bienvenida Espíritu Santo a mi vida, y me someto a tu voluntad y guía. Dios, hoy te acepto. Tu amor ahora echa fuera toda tiniebla que haya en mí y hace brillar tu maravillosa luz en mi vida.*

*Hoy soy salvo y libre de mi pecado por el poder de tu amor y mi fe en Jesucristo.*

*Amén.*

## ¿Y ahora qué?

Si has hecho esta oración y has recibido a Jesús en tu corazón, quiero felicitarte por tomar la mejor decisión de tu vida, una que se extenderá hasta la eternidad. Ahora acabas de pasar de muerte a vida. Aquí hay una perfecta explicación de lo que acaba de suceder y se encuentra en Efesios 2:1–10 (rvc):

*"A ustedes, Él les dio vida cuando aún estaban muertos en sus delitos y pecados, los cuales en otro tiempo practicaron, pues vivían de acuerdo a la corriente de este mundo y en conformidad con el príncipe del poder del aire, que es el espíritu que ahora opera en*

los hijos de desobediencia. Entre ellos todos nosotros también vivíamos en otro tiempo. Seguíamos los deseos de nuestra naturaleza humana y hacíamos lo que nuestra naturaleza y nuestros pensamientos nos llevaban a hacer. Éramos por naturaleza objetos de ira, como los demás.

**Pero Dios**, cuya misericordia es abundante, **por el gran amor con que nos amó, nos dio vida junto con Cristo**, aun cuando estábamos muertos en nuestros pecados (la gracia de Dios los ha salvado), y también junto con Él nos resucitó, y asimismo nos sentó al lado de Cristo Jesús en los lugares celestiales, **para mostrar en los tiempos venideros las abundantes riquezas de su gracia y su bondad para con nosotros en Cristo Jesús.** <u>**Ciertamente la gracia de Dios los ha salvado por medio de la fe**</u>. Ésta no nació de ustedes, sino que es un don de Dios; ni es resultado de las obras, para que nadie se vanaglorie. Nosotros somos hechura suya; hemos sido creados en Cristo Jesús para realizar buenas obras, las cuales Dios preparó de antemano para que vivamos de acuerdo con ellas" (énfasis añadido).

Ahora eres hecho nuevo en Dios como dice 2 Corintios 5:17: "*De modo que si alguno está en Cristo, nueva criatura es; **las cosas viejas pasaron; he aquí todas son hechas nuevas**" (RVA2015, énfasis añadido). Para poder vivir tu vida de acuerdo a la voluntad de Dios aquí hay algunos pasos simples que debes seguir para iniciar tu jornada de fe:

## 1. Ora todos los días

Orar no es otra cosa que conversar con Dios, hablarle y escucharlo. No es necesario cumplir con un formato o una formalidad para poder orar. Simplemente habla con Dios todos los días y a lo largo de tu día, como lo harías con tu mejor amigo, ahora el Espíritu Santo. Dile acerca de tus sentimientos, tus emociones, tus necesidades, tus quebrantos, tus gozos, tus sueños, tus aspiraciones, y cualquiera sea la situación que quieras contarle. La Biblia dice que la oración puede beneficiar mucho, al punto de sanar al enfermo y liberar personas de las heridas y pecados (Santiago 5:15–16). Así que todos los días, habla con Dios. Ora.

## 2. Lee la Biblia

Me gusta llamar a la Biblia, la carta de amor más hermosa y asombrosa que jamás haya sido escrita. Esta es en esencia la carta de amor de *Dios* para sus hijos. La respuesta a cada pregunta de la vida se encuentra en las Escrituras. Mientras más estudiamos la Palabra de Dios, más revelación y sabiduría recibimos y más nos acercamos a Él. Lee la Biblia todos los días ¡y verás cuánto crece tu vida espiritual!

## 3. Únete a una familia de la fe (una congregación)

Yo sé que tal vez para algunos, este puede ser un tema delicado, posiblemente por causa de alguna experiencia no muy buena con alguien "de la iglesia". En lo personal puedo identificarme con esto, pues lo entiendo muy bien. Mas hay algo que debes saber. Cuando Jesús dijo que en el mundo tendremos aflicción (Juan 16:33), Él también se refería a ser herido por otras personas. En otras palabras, donde haya otro ser humano siempre existirá la posibilidad de que te hieran, te fallen, te decepcionen o hasta te traicionen. Sin embargo, como ya has invitado al espíritu Santo a tu corazón, puedes estar seguro de que ahora Él es tu mejor amigo, y que nunca te lastimará, te fallará ni te mentirá. ¡Él siempre te guiará a toda verdad! (Juan 16:13).

Es importante que busques una familia de fe (una congregación cristiana) donde se predique la verdadera Palabra de Dios. La Biblia dice que Dios toma al solitario y lo pone en familias en donde puedan conocerse y ayudarse los unos a los otros a sanar y ser libres (Salmo 68:6), porque donde hay dos o tres unidos en el nombre de Jesús, allí está Él también (Mateo 18:20). En una familia de fe siempre habrá alguien más fortalecido en la fe que tú que pueda ayudarte a sobrellevar tu carga con oración y más. Como hermanos, unos son fuertes cuando otros son débiles, sobrellevando "las cargas los unos a los otros" y cumpliendo así la ley de Cristo (Gálatas 6:2). Más aún, es el lugar donde los hijos de Dios son conocidos por el amor que se tienen los unos a los otros (Juan 13:35). Busca un lugar en donde se predique la Palabra de Dios verdadera y no adulterada, en donde la gente se ama genuinamente, y donde puedas crecer espiritualmente con la ayuda de otros.

La vida que tienes por delante ¡es maravillosa! Asegúrate de mantener a Jesucristo como centro de tu vida, hablar con Dios todos los días, leer su Palabra, y unirte a una comunidad de fe donde puedas crecer y vivir tu vida en plenitud con Cristo. Estoy orando por ti. ¡Deja que tu *corazón pródigo* lata por Dios!

# ∾ NOTAS ∾

1. Keller, Timothy, *The Prodigal God: Recovering the Heart of the Christian Faith*, Penguin Publishing Group, (Edición Kindle) 2008, página 2.

2. American Academy of Child and Adolescent Psychiatry, *Children and Divorce*.2014. http://www.aacap.org/AACAP/Families_and_Youth /Facts_for_Families/Facts_for_Families_Pages/Children_and_Divorce _01.aspx (Consultado en línea el 12 de septiembre de 2015).

3. Compassion International. *Child Abuse Facts*.2015. http://www .compassion.com/poverty/child-abuse.htm (Consultado en línea el 12 de septiembre de 2015).

4. WordReference.com, *"Setting"* http://www.wordreference.com /definition/setting (Consultado en línea el 16 de septiembre de 2015).

5. http://christian-quotes.ochristian.com/A.J.-Gossip-Quotes /(Consultado en línea el 10 de septiembre de 2015).

6. WordReference.com, *"grieve"* http://www.wordreference.com /definition/grieve (Consultado en línea el 20 de octubre de 2015).

7. *Men Crying in the Bible* (Date unknown). http://www.net-burst .net/hope/weeping.htm (Consultado en línea el 20 de octubre de 2015).

8. CBN.com. *Living Through Grief*. 2015. http://www.cbn.com /spirituallife/CBNTeachingSheets/Grief.aspx (Consultado en línea el 20 de octubre de 2015).

9. Lyles, Mary M. *Children's Grieving Process*. 2010. http://www .childgrief.org/howtohelp.htm#NFANTS_ (Consultado en línea el 25 de noviembre de 2015).

10. American Academy of Child and Adolescent Psychiatry. *Children and Grief*. 2013. http://www.aacap.org/AACAP/Families_and_Youth /Facts_for_Families/FFF-Guide/Children-And-Grief-008.aspx (Consultado en línea el 25 de noviembre de 2015).

11. CancerCare. *How To Help Someone Who Is Grieving*.2015. http://www. cancercare.org/publications/67-how_to_help_someone_who_is _grieving (Consultado en línea el 25 de noviembre de 2015).

12. CBN.com. *Living Through Grief*. 2015. http://www.cbn.com /spirituallife/CBNTeachingSheets/Grief.aspx (Consultado en línea el 20 de octubre de 2015).

13. http://christian-quotes.ochristian.com/Watchman-Nee-Quotes/ (Consultado en línea el 20 de octubre de 2015).

14. http://christian-quotes.ochristian.com/Corrie-Ten-Boom-Quotes/ (Consultado en línea el 10 de septiembre de 2015).

15. WordReference.com, "*temor*" http://www.wordreference.com /definicion/temor (Consultado en línea el 23 de abril de 2016).

16. WordReference.com, "*duda*" http://www.wordreference.com /definicion/duda (Consultado en línea el 23 de abril de 2016).

17. Ropeik, David. (European Molecular Biology Organization). *The Consequences of Fear.* 2004. http://www.ncbi.nlm.nih.gov/pmc/articles /PMC1299209/ (Consultado en línea el 22 de octubre de 2015).

18. Lucado, Max. *Gran día cada día: Navegando los desafíos de la vida con promesa y propósito*, Grupo Nelson, Edición Kindle. (Locación Kindle1202-1204)

19. Segen's Medical Dictionary. S.v. "*hematidrosis*" http://medical -dictionary.thefreedictionary.com/hematidrosis (Consultado en línea el 22 de octubre de 2015)

20. http://christian-quotes.ochristian.com/C.S.-Lewis-Quotes/ (Consultado en línea el 23 de octubre de 2015).

21. http://christian-quotes.ochristian.com/D.L.-Moody-Quotes/ (Consultado en línea el 10 de septiembre de 2015).

22. Strong's Concordance #3340. "*metanoeó*" http://biblehub.com /greek/3340.htm (Consultado en línea el 9 de mayo de 2016).

23. http://christian-quotes.ochristian.com/Ed-Cole-Quotes/ (Consultado en línea el 10 de septiembre de 2015).

24. http://christian-quotes.ochristian.com/Theodore-Epp-Quotes/ (Consultado en línea el 10 de septiembre de 2015).

25. http://drleaf.com/assets/files/DrCarolineLeaf_CurriculumVitae1 .pdf (Consultado en línea el 18 de marzo de 2016).

26. WordReference.com, "*judgment*" http://www.wordreference.com /definition/judgment (Consultado en línea el 13 de marzo de 2016).

27. WordReference.com, "*forgive*" http://www.wordreference.com /definition/forgive (Consultado en línea el 17 de mayo de 2016).

28. Bernock, Danielle, *Emerging with Wings: A True Story of Lies, Pain, and the Love That Heals*, 4F Media, Detroit, Michigan, 2014, page 138.

29. http://christian-quotes.ochristian.com/Joyce-Meyer-Quotes/ (Consultado en línea el 13 de marzo de 2016).

30. Leaf, Caroline, *Switch on Your Brain: The Key to Peak Happiness, Thinking, and Health*, Baker Books, Grand Rapids, Michigan, 2013, page 33.

31. Leaf, Caroline, *Switch on Your Brain: The Key to Peak Happiness, Thinking, and Health*, Baker Books, Grand Rapids, Michigan, 2013, page 53.

32. Leaf, Caroline, *Switch on Your Brain: The Key to Peak Happiness, Thinking, and Health*, Baker Books, Grand Rapids, Michigan, 2013, page 55-56.

33. http://christian-quotes.ochristian.com/Augustine-Quotes/ (Consulted March 17, 2016)

34. Easton's Bible Dictionary. *"Abba"* http://www.biblestudytools.com /dictionaries/eastons-bible-dictionary/abba.html (Consultado en línea el 21 de marzo de 2016).

35. http://christian-quotes.ochristian.com/Max-Lucado-Quotes/ (Consultado en línea el 18 de marzo de 2016).

36. WordReference.com, *"son."*http://www.wordreference.com /definition/son (Consultado en línea el 20 de marzo de 2016).

37. Hamp, Bob, *Think Differently Live Differently: Keys to a Life of Freedom.* Thinking Differently Press. Kindle Edition. (Kindle Locations 163-164, 172-175).

38. Easton's Bible Dictionary. *"Abba"* http://www.biblestudytools.com /dictionaries/eastons-bible-dictionary/abba.html (Consultado en línea el 21 de marzo de 2016).

39. http://christian-quotes.ochristian.com/Charles-Spurgeon-Quotes/ (Consultado en línea el 11 de septiembre de 2015).

40. WordReference.com, *"ministry"* http://www.wordreference.com /synonyms/ministry (Consultado en línea el 28 de marzo de 2016).

41. Strong's Concordance #1247. *"diakonéō"* http://biblehub.com /greek/1247.htm (Consultado en línea el 29 de marzo de 2016).

42. http://christian-quotes.ochristian.com/A.J.-Gossip-Quotes/ (Consultado en línea el 10 de septiembre de 2015).

43. WordReference.com, *"prodigal"* http://www.wordreference.com /definition/prodigal (Consultado en línea el 3 de abril de 2016).

44. Robert Morris, *"The Way Home"* (Video de sermón de la serie *"Lost & Found"* Gateway Church, Southlake, Texas, 10 de octubre de 2015). http:// gatewaypeople.com/ministries/life/events/lost-found-a -gateway-series/session/2015/10/10/the-way-home. (Consultado en línea el 3 de abril de 2016).

45. Bible Gateway. Passagelookup: Mark 12:30-31. https://www .biblegateway.com/passage/?search=Mark+12:29-31&version=AMP#en -AMP-24705 (Consultado en línea el 3 de abril de 2016).

# ACERCA DE LA AUTORA

**Christine D'Clario** es una adoradora y cantautora nacida en Nueva York de madre hispana y padre estadounidense. De pequeña se mudó a Puerto Rico donde estudió música en la Universidad Interamericana. También cuenta con una licenciatura de la Universidad Full Sail en Florida. Algunos de los álbumes que ha lanzado son: "De vuelta al jardín", "Más profundo" y "Eterno Live". Ha sido nominada a los premios Dove y Arpa. Se congrega en la iglesia Gateway en Dallas, Texas, ciudad en la que reside junto a su esposo Carlos Cabán.

Para más información visite:
www.christinedclario.com
https://twitter.com/ChristineDmusic
www.facebook.com/christinedclariomusic

## PRESENTAN:

*Para vivir la Palabra*

# HENRY CLOUD Y JOHN TOWNSEND

**21** días
para lograr un
**matrimonio**
**estupendo**

♡ ♡

*Un enfoque adulto sobre la vida en pareja*

## DR. HENRY CLOUD & DR. JOHN TOWNSEND

**RESCATA**
**TU VIDA**
**AMOROSA**

Cambia esas actitudes y conductas tontas
que hacen naufragar tu matrimonio

**Dr. Henry Cloud**
**Dr. John Townsend**

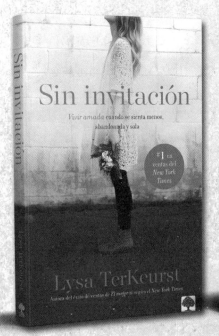

**CASA CREACIÓN**

Te invitamos a que visites nuestra página web, donde podrás apreciar la pasión por la publicación de libros y Biblias:

**www.casacreacion.com**

f @CASACREACION

 @CASACREACION

 @CASACREACION

*Para vivir la Palabra*